# Contabilidade de ativos relevantes

PUBLICAÇÕES
FGV Management

CONTABILIDADE E AUDITORIA

# Contabilidade de ativos relevantes

**Ricardo Lopes Cardoso**
**Andréa Silveira**

FGV | EDITORA IDE

Direitos desta edição reservados à
EDITORA FGV
Rua Jornalista Orlando Dantas, 37
22231-010 – Rio de Janeiro, RJ – Brasil
Tels.: 0800-021-7777 – 21-3799-4427
Fax: 21-3799-4430
editora@fgv.br – pedidoseditora@fgv.br
www.fgv.br/editora

Impresso no Brasil / *Printed in Brazil*



1ª edição – 2017

Preparação de originais: Sandra Frank
Revisão: Fatima Caroni
Capa: aspecto:design
Imagem da capa: antishock | 123rf.com
Projeto gráfico de miolo: Ilustrarte
Editoração: Abreu's System

Ficha catalográfica elaborada pela Biblioteca Mario Henrique Simonsen/FGV

Cardoso, Ricardo Lopes, 1975-
Contabilidade de ativos relevantes / Ricardo Lopes Cardoso e Andréa Silveira. – Rio de Janeiro : FGV Editora, 2017.
200 p.

Publicações FGV Management
Área: Contabilidade e auditoria.
Inclui bibliografia.
ISBN: 978-85-225-1992-7

1. Contabilidade. 2. Ativos (Contabilidade). I. Silveira, Andréa. I. Fundação Getulio Vargas. II. FGV Management. III. Título.

CDD – 657.42

*Dedicamos este livro a nossos familiares,*
*nossos alunos e nossos colegas docentes.*

# Sumário

# Apresentação

Este livro compõe as Publicações FGV Management, programa de educação continuada da Fundação Getulio Vargas (FGV).

A FGV é uma instituição de direito privado, com mais de meio século de existência, gerando conhecimento por meio da pesquisa, transmitindo informações e formando habilidades por meio da educação, prestando assistência técnica às organizações e contribuindo para um Brasil sustentável e competitivo no cenário internacional.

A estrutura acadêmica da FGV é composta por nove escolas e institutos, a saber: Escola Brasileira de Administração Pública e de Empresas (Ebape), dirigida pelo professor Flavio Carvalho de Vasconcelos; Escola de Administração de Empresas de São Paulo (Eaesp), dirigida pelo professor Luiz Artur Ledur Brito; Escola de Pós-Graduação em Economia (EPGE), dirigida pelo professor Rubens Penha Cysne; Centro de Pesquisa e Documentação de História Contemporânea do Brasil (Cpdoc), dirigido pelo professor Celso Castro; Escola de Direito de São Paulo (Direito GV), dirigida pelo professor Oscar Vilhena Vieira; Escola de Direito do Rio de Janeiro (Direito Rio), dirigida pelo professor Sérgio Guerra; Escola de Economia de São Paulo (Eesp), dirigida pelo professor Yoshiaki Nakano; Instituto Brasileiro de Economia (Ibre), dirigido pelo professor Luiz Guilherme Schymura de Oliveira; e Escola de Matemática Aplicada (Emap), dirigida pela professora Maria Izabel Tavares Gramacho. São diversas unidades com a marca FGV, trabalhando com a mesma filosofia: gerar e disseminar o conhecimento pelo país.

Dentro de suas áreas específicas de conhecimento, cada escola é responsável pela criação e elaboração dos cursos oferecidos pelo Instituto de Desenvolvimento Educacional (IDE), criado em 2003, com o objetivo de coordenar e gerenciar uma rede de distribuição única para os produtos e serviços educacionais produzidos pela FGV, por meio de suas escolas. Dirigido pelo professor Rubens Mario Alberto Wachholz, o IDE conta com a Direção de Gestão Acadêmica (DGA), pelo professor Gerson Lachtermacher, com a Direção da Rede Management pelo professor Silvio Roberto Badenes de Gouvea, com a Direção dos Cursos Corporativos pelo professor Luiz Ernesto Migliora, com a Direção dos Núcleos MGM Brasília, Rio de Janeiro e São Paulo pelo professor Paulo Mattos de Lemos, com a Direção das Soluções Educacionais pela professora Mary Kimiko Magalhães Guimarães Murashima. O IDE engloba o programa FGV Management e sua rede conveniada, distribuída em todo o país e, por meio de seus programas, desenvolve soluções em educação presencial e a distância e em treinamento corporativo customizado, prestando apoio efetivo à rede FGV, de acordo com os padrões de excelência da instituição.

Este livro representa mais um esforço da FGV em socializar seu aprendizado e suas conquistas. Ele é escrito por professores do FGV Management, profissionais de reconhecida competência acadêmica e prática, o que torna possível atender às demandas do mercado, tendo como suporte sólida fundamentação teórica.

A FGV espera, com mais essa iniciativa, oferecer a estudantes, gestores, técnicos e a todos aqueles que têm internalizado o conceito de educação continuada, tão relevante na era do conhecimento na qual se vive, insumos que, agregados às suas práticas, possam contribuir para sua especialização, atualização e aperfeiçoamento.

*Rubens Mario Alberto Wachholz*
Diretor do Instituto de Desenvolvimento Educacional

*Sylvia Constant Vergara*
Coordenadora das Publicações FGV Management

# Introdução

Os objetivos deste livro são:

- analisar e estimar aspectos relevantes à aplicação do International Financial Reporting Standards (IFRS) no reconhecimento e mensuração de ativos relevantes;
- identificar o efeito na posição patrimonial e no desempenho das empresas em decorrência de operações envolvendo ativos relevantes;
- elaborar demonstrações contábeis em conformidade com o IFRS em relação a transações recorrentes que envolvam ativos.

Observe, leitor, que não há diferença material entre os requerimentos do IFRS original e os requerimentos dos pronunciamentos técnicos emitidos pelo Comitê de Pronunciamentos Contábeis (CPC) relativos aos temas objeto deste livro. Também lembramos que os pronunciamentos emitidos pelo CPC, uma vez endossados pelos órgãos competentes, são formalizados por meio das resoluções do Conselho Federal de Contabilidade (CFC), recebendo a denominação de Normas Brasileiras de Contabilidade (NBC TG), e das instruções normativas da Comissão de Valores Mobiliários (CVM).

Neste livro, citações são feitas ao IFRS original, e o respectivo CPC e a resolução CFC somente são apresentados na primeira vez que determinado IFRS é citado no capítulo.

Pressupomos que os leitores deste livro já conhecem e sabem aplicar com facilidade:

- o método das partidas dobradas;
- o regime contábil da competência de períodos;
- a estrutura conceitual para elaboração e divulgação de relatório contábil-financeiro, embora façamos uma breve revisão da estrutura conceitual no capítulo 1;
- a estrutura das demonstrações contábeis de propósito geral, isto é, balanço patrimonial, demonstração do resultado do exercício, demonstração do resultado abrangente, demonstração das mutações do patrimônio líquido, demonstração dos fluxos de caixa e notas explicativas;
- função e funcionamento das principais contas patrimoniais e de resultado;
- juros compostos e regimes de amortização;
- cálculo do valor presente e da taxa interna de retorno.

Admitindo-se válido esse pressuposto, não fazemos revisão desses conceitos, salvo quanto à estrutura conceitual. Assim, o livro está organizado conforme segue.

- capítulo 1: Revisão da estrutura conceitual para elaboração e divulgação de relatório contábil-financeiro;
- capitulo 2: Instrumentos financeiros básicos;
- capítulo 3: Estoques;
- capítulo 4: Imobilizado;
- capítulo 5: Propriedade para investimento;

- capítulo 6: Ativo biológico;
- capítulo 7: Ativo intangível (exceto *goodwill*).

Os temas foram escolhidos para compor este livro porque acreditamos que são itens comuns a maior parte das empresas brasileiras, quer companhias abertas e demais empresas fechadas, de grande e médio porte ou microempresas e empresas de pequeno porte. A rigor, a escolha desses tópicos justifica o título do livro: *Contabilidade de ativos relevantes*. Afinal, ativos financeiros básicos (como caixa, equivalente de caixa, outras aplicações financeiras, empréstimos concedidos e contas a receber), estoques, imobilizado e ativo intangível são os itens mais representativos, isto é, relevantes, da maior parte das empresas, quer brasileiras ou estrangeiras. Além desses itens também cobre propriedade para investimento e ativo biológico, dois itens de ativo menos representativos que os demais, entretanto, seu estudo neste curso se justifica pela recorrente confusão que se costuma fazer entre esses dois itens e o imobilizado ou estoques.

Os capítulos 2 a 7 têm a mesma estrutura básica, isto é, apresentam as determinações dos pronunciamentos sobre a rubrica estudada quanto:

1. aos conceitos fundamentais e suas classificações;
2. ao momento e requerimentos para seu reconhecimento contábil;
3. às técnicas de mensurações inicial e subsequente;
4. ao momento e requerimentos para sua baixa;
5. à apresentação nas demonstrações contábeis e informação mínima que deve ser divulgada em notas explicativas;
6. aos julgamentos profissionais e as estimativas mais significativas para contabilização.

A semelhança na estrutura dos capítulos de 2 a 7 se justifica por entendermos que essa é a melhor maneira para se compreender e aplicar adequadamente o IFRS. O conhecimento detalhado da contabilização desses itens é de interesse de gestores, preparadores, auditores, revisores e analistas das demonstrações contábeis de propósito geral.

Boa leitura.

# 1
# Revisão da estrutura conceitual para elaboração e divulgação de relatório contábil-financeiro

O International Accounting Standards Board (Iasb) está em pleno processo de atualização de sua estrutura conceitual (The Conceptual Framework for Financial Reporting), que está sendo conduzido em fases. À medida que um capítulo é finalizado, itens da Estrutura conceitual para elaboração e apresentação das demonstrações contábeis, que foi emitida em 1989, vão sendo substituídos. Quando finalizada, haverá um único documento. Tal estrutura conceitual foi internalizada no Brasil pelo Comitê de Pronunciamentos Contábeis por meio do Pronunciamento Conceitual Básico, também conhecido pela sigla CPC 00, e endossado pelo Conselho Federal de Contabilidade por meio da Resolução nº 1.374/2011, com a denominação NBC TG Estrutura Conceitual.

## Objetivos e usuários das demonstrações contábeis de propósito geral

O objetivo das demonstrações contábeis de propósito geral é fornecer informações contábil-financeiras da entidade que sejam úteis a investidores existentes e potenciais quando da tomada de decisão ligada ao fornecimento de recursos para a entidade. As expectativas de investidores e credores em termos de retorno dependem da avaliação destes quanto ao montante, à tempestividade e às incertezas associados aos fluxos de caixa futuros de entrada para a entidade. Além disso, para avaliar as perspectivas da entidade em termos de entrada de fluxos de caixa futuros, esses usuários necessitam de informação acerca de recursos da entidade, reivindicações contra a entidade e o quão eficiente e efetivamente a administração tem cumprido suas responsabilidades no uso dos recursos da entidade.

Os relatórios contábil-financeiros são direcionados para ajudar a atender essas necessidades. Entretanto, relatórios contábil-financeiros de propósito geral não atendem e não podem atender a todas as informações de que necessitam os usuários, os quais precisam considerar informação pertinente de outras fontes. Relatórios contábil-financeiros auxiliam a estimar, mas não são elaborados para mostrar o valor econômico da entidade. E também não são elaborados para atender primariamente a órgãos reguladores e outros usuários que não sejam investidores, credores por empréstimo e outros credores.

Os relatórios contábil-financeiros de propósito geral são, em larga escala, embasados em estimativas, julgamentos e modelos, e não em descrições exatas.

## Características qualitativas da informação contábil

Características qualitativas de qualquer produto correspondem aos atributos mais valorados por seus consumidores. Então, as características qualitativas da informação contábil são os atributos que os usuários (investidores e credores) mais valorizam.

A estrutura conceitual classifica as características qualitativas em dois grupos: as fundamentais e as de melhoria.

As características qualitativas fundamentais são a relevância e a representação fidedigna. A informação tem relevância se for capaz de afetar a decisão do usuário. Portanto, a informação é relevante se for útil para o usuário prever o desempenho futuro da entidade (valor preditivo) e, no futuro, for útil ao usuário para avaliar as dispersões entre o desempenho efetivo e suas predições (valor confirmatório). Para auxiliar a identificação dos valores preditivo e confirmatório, um expediente prático é a identificação da materialidade da informação, sendo essa analisada em duas dimensões: magnitude e natureza. A avaliação da magnitude da informação é relacionada com o valor da transação. Já a natureza da informação independe do valor monetário, mas diz respeito ao impacto que o conhecimento da ocorrência (ou não ocorrência) da transação pode ter na decisão do usuário.

A informação contábil faz uma representação fidedigna se apresentar adequadamente em palavras e números o fenômeno econômico que afeta o patrimônio e o desempenho da entidade. Para julgar se a informação faz uma representação fidedigna devemos investigar se tal informação é: completa, isto é, não deve ser parcial, deve apresentar tudo e todo o impacto das transações no patrimônio e no desempenho da entidade; neutra, isto é, a informação não deve ser tendenciosa nem viesada para atender a interesses de um grupo de usuários em detrimento de outros usuários; e livre de erro, afinal, se a informação estiver repleta de erros materiais os usuários não vão confiar nela e não a utilizarão.

Uma vez que as características qualitativas fundamentais foram atingidas, a estrutura conceitual sugere que devemos perseguir as seguintes características qualitativas de melhoria.

1. Comparabilidade: é a característica que permite a identificação e compreensão de similaridades e diferenças entre os itens. Comparabilidade implica também fazer com que coisas diferentes não pareçam iguais e que coisas iguais não pareçam diferentes.

2. Verificabilidade: é alcançada se diferentes observadores puderem chegar a um consenso sobre o retrato de uma realidade econômica, podendo, em certas circunstâncias, representar uma faixa de possíveis montantes com suas respectivas probabilidades.
3. Tempestividade: é a adequação da disponibilização da informação quanto à data da tomada de decisão para poder influenciar o usuário.
4. Compreensibilidade: é a capacidade de clareza e concisão das informações contábeis, significando que a classificação, a caracterização e a apresentação da informação sejam mais facilmente assimiladas pelo usuário. Entretanto, não é admissível a exclusão de informação complexa e não facilmente compreensível, mesmo que isso dificulte a compreensão do relatório. Os relatórios contábil-financeiros são elaborados na presunção de que o usuário tem conhecimento razoável de negócios e que age diligentemente, mas isso não exclui a necessidade de ajuda de consultor para fenômenos complexos.

## Bases de mensuração

Mensuração é entendida como o procedimento de se atribuir valor aos elementos contábeis de uma transação. Isso ocorre em dois momentos: na mensuração inicial, quando os elementos contábeis são integrados ao patrimônio (balanço patrimonial) e ao desempenho (demonstração do resultado do exercício), e na mensuração subsequente, quando da apresentação das demonstrações contábeis.

Na mensuração inicial, os ativos são valorados ao custo histórico, na maioria das vezes. Porém em alguns casos são mensurados inicialmente ao valor justo. Uma vez integrados ao patrimônio, os ativos e passivos podem sofrer variações decorrentes de diversos fatores e, portanto, precisam ser mensurados subsequentemente para a adequada apresentação das demonstrações contábeis apuradas a qualquer momento (normalmente no final do ano, isto é, em 31 de dezembro). Os métodos de mensuração são os que seguem:

- Custo corrente: é o valor de compra ou reposição do ativo. Ativos são mensurados pelos valores em caixa ou equivalentes de caixa, os quais teriam de ser pagos se esses ativos fossem adquiridos na data ou no período das demonstrações contábeis.
- Valor realizável: é o valor de venda (ou de saída). Ativos são mensurados pelos valores em caixa ou equivalentes de caixa, os quais poderiam ser obtidos pela venda em uma forma ordenada. Nessa metodologia, adotamos a mensuração do valor realizável líquido das despesas para vender.
- Valor presente: é o valor de recebimento descontado dos juros embutidos. Ativos são mensurados pelo valor presente, descontado do fluxo futuro de entrada líquida de caixa que se espera ser gerado pelo item no curso normal das operações da entidade.
- Valor justo: é o valor pelo qual um ativo pode ser trocado, ou um passivo liquidado, entre partes conhecedoras, dispostas a isso, em uma transação sem favorecimentos. Nessa metodologia de mensuração, o grau de observação do valor de negociação no mercado identificará se o valor justo foi determinado como valor de mercado (específico ou ajustado) ou por estimativas de fluxos de caixa.
- Atualização monetária: os efeitos da alteração do poder aquisitivo da moeda nacional deveriam ser reconhecidos nos registros contábeis mediante o ajustamento da expressão formal dos valores dos componentes patrimoniais. No Brasil, desde a promulgação da Lei nº 9.249/1995, a correção mo-

netária de balanços é proibida. De acordo com o IFRS não é necessário reconhecer atualização monetária em economias não caracterizadas como hiperinflacionárias. Diversos são os critérios para se determinar se uma economia é hiperinflacionária, o mais objetivo deles é se a inflação acumulada em três anos atingir a marca de 100%.

## Conceitos de ativo, passivo, patrimônio líquido, receita e despesa

As demonstrações contábeis retratam os efeitos patrimoniais e financeiros das transações e outros eventos, por meio do grupamento dos mesmos em classes amplas de acordo com suas características econômicas. Essas classes amplas são denominadas elementos das demonstrações contábeis.

Os elementos diretamente relacionados à mensuração da posição patrimonial e financeira no balanço patrimonial são os ativos, os passivos e o patrimônio líquido. Os elementos diretamente relacionados com a mensuração do desempenho na demonstração do resultado são as receitas e as despesas.

Seguem os conceitos dos elementos contábeis.

1. Ativo: é um recurso controlado pela entidade como resultado de eventos passados e do qual se espera que fluam futuros benefícios econômicos para a entidade. Repare, leitor, que a figura do controle (e não da propriedade ou posse) e a dos futuros benefícios econômicos esperados são essenciais para o reconhecimento de um ativo. Se não houver a expectativa de contribuição futura, direta ou indireta, para a empresa, o recurso não deve ser reconhecido como ativo da entidade.

2. Passivo: é uma obrigação presente da entidade, derivada de eventos passados, cuja liquidação se espera que resulte na saída de recursos da entidade capazes de gerar benefícios econômicos.
3. Patrimônio líquido: é o interesse residual nos ativos da entidade depois de deduzidos todos os seus passivos. Portanto, é a diferença entre o ativo total e todos os passivos da entidade.
4. Renda: aumento nos benefícios econômicos durante o período contábil na forma de fluxos de entrada ou aumentos nos ativos ou redução nos passivos que resultam em aumento no patrimônio líquido, e que não sejam provenientes de aportes dos participantes do patrimônio.
5. Receitas: renda originada no curso das atividades normais da entidade.
6. Despesas: são decréscimos nos benefícios econômicos durante o período contábil na forma de saída de recursos ou de redução de ativos ou assunção de passivos que resultam em decréscimo do patrimônio líquido e que não sejam relacionados com distribuições aos proprietários da entidade.

Fizemos, neste capítulo, uma breve revisão da estrutura conceitual, com destaque para os objetivos das demonstrações contábeis de propósito geral e suas características qualitativas. Também revisamos os conceitos dos elementos fundamentais de tais demonstrações, especificamente as definições de ativo, passivo, patrimônio líquido, receita e despesa.

Concluída essa breve revisão, passaremos ao estudo dos ativos financeiros básicos.

# 2
# Ativos financeiros básicos

O International Accounting Standards Board (Iasb) finalizou a revisão do International Financial Reporting Standard – IFRS 9 (Financial Instruments) em 2014 e ao longo do biênio 2015-2016 fez ajustes adicionais. No Brasil, o Comitê de Pronunciamentos Contábeis emitiu o Pronunciamento Técnico CPC 48 (Instrumentos Financeiros), o qual foi endossado pelo Conselho Federal de Contabilidade por meio da NBC TG 48.

## Conceitos gerais

Conforme IAS 32 – Financial Instruments: Presentation, um instrumento financeiro é "qualquer contrato que der origem a um ativo financeiro de uma entidade e a um passivo financeiro ou instrumento patrimonial de outra entidade" (IAS 32.11). Esse pronunciamento internacional corresponde ao CPC 39 – Instrumentos Financeiros: Apresentação, endossado pelo CFC pela NBC TG 39.

Focaremos exclusivamente nos ativos financeiros básicos, isto é, qualquer ativo que atenda às condições dos parágrafos 11.8 e 11.9 do IFRS for SMEs, isto é: (a) caixa; (b) instrumento de dívida, por exemplo: duplicatas e notas promissórias; e (c) investimento em ações preferenciais não conversíveis e ações ordinárias ou preferenciais não resgatáveis por ordem do portador. Esse pronunciamento internacional corresponde ao CPC PME – Contabilidade para Pequenas e Médias Empresas, endossado pelo CFC mediante a NBC TG 1.000.

Interessam aos fins deste livro os seguintes ativos financeiros básicos: caixa, bancos, aplicações financeiras, contas a receber de clientes e aplicações em ações de companhias abertas com o propósito de especulação. Ao longo deste capítulo, analisaremos a contabilização dos instrumentos financeiros básicos à luz do IFRS 9, embora esse pronunciamento não classifique os instrumentos financeiros em "básicos" e "outros" (essa classificação é exclusiva do CPC PME).

## Classificação

O IFRS 9 classifica os instrumentos financeiros de acordo com os critérios de mensuração subsequente, os quais são determinados com base em dois fatores:

1. o modelo de negócios da entidade para a gestão dos ativos financeiros;
2. as características de fluxo de caixa contratual do ativo financeiro em questão.

A partir da análise combinada desses dois fatores, a entidade deverá mensurar subsequentemente os instrumentos financeiros pelo *método do custo amortizado* ou pelo *modelo do valor justo por meio de outros resultados abrangentes*, ou ainda, pelo *modelo do valor justo por meio do resultado* (IFRS 9.4.1.1), conforme demonstrado a seguir.

## Custo amortizado

O ativo financeiro será mensurado subsequentemente pelo *método do custo amortizado* e, consequentemente, classificado como *custo amortizado* se, e somente se, as duas condições a seguir forem atendidas:

(a) O ativo financeiro for mantido com base no modelo de negócios cujo objetivo seja o de manter ativos com o fim de receber fluxos de caixa contratuais; e
(b) Os termos contratuais do ativo financeiro derem origem, em datas especificadas, a fluxos de caixa que constituam exclusivamente pagamentos de principal e juros sobre o saldo remanescente do principal em aberto [IFRS 9.4.1.2].

Exemplos de ativos financeiros básicos que normalmente atendem à condição (b) são: aplicações financeiras na poupança e outras aplicações em renda fixa, contas a receber de clientes e empréstimos concedidos. Entretanto, para que sejam classificados como *custo amortizado* precisam também atender à condição (a), isto é, precisam ser mantidos pela entidade dentro do modelo de negócios que seja a manutenção desses títulos até a data de vencimento (se houver), com o propósito de resgatar o principal mais juros.

Buscando esclarecer o significado do termo "modelo de negócios", o IFRS 9.B4.1.2B assim estabelece:

> O modelo de negócios da entidade para gerenciar ativos financeiros é um fato e não simplesmente uma afirmação. Normalmente é observável por meio das atividades com que a entidade compromete-se para atingir o objetivo do modelo de negócios. A entidade precisa utilizar julgamento quando avaliar seu modelo de negócios para gerenciar ativos financeiros e essa avaliação não é determinada por um único fator ou atividade. Em vez disso, a entidade deve consi-

derar toda a evidência relevante disponível na época da avaliação. Essa evidência relevante inclui, entre outras coisas:
(a) como o desempenho do modelo de negócios e os ativos financeiros mantidos nesse modelo de negócios são avaliados e reportados ao pessoal-chave da administração da entidade;
(b) os riscos que afetam o desempenho do modelo de negócios (e os ativos financeiros mantidos nesse modelo de negócios) e, em particular, a forma como esses riscos são gerenciados; e
(c) como os gestores do negócio são remunerados (por exemplo, se a remuneração baseia-se no valor justo dos ativos gerenciados ou nos fluxos de caixa contratuais recebidos).

## Valor justo por meio de outros resultados abrangentes

O ativo financeiro será mensurado subsequentemente pelo *método do valor justo por meio de outros resultados abrangentes* e, consequentemente, classificado como *valor justo por meio de outros resultados abrangentes* se, e somente se, as duas condições a seguir forem atendidas:

(a) O ativo financeiro for mantido com base no modelo de negócios cujo objetivo seja atingido tanto pelo recebimento de fluxos de caixa contratuais quanto pela venda de ativos financeiros; e
(b) Os termos contratuais do ativo financeiro derem origem, em datas especificadas, a fluxos de caixa que constituam exclusivamente pagamentos de principal e juros sobre o saldo remanescente do principal em aberto [IFRS 9.4.1.2A].

A classificação entre *custo amortizado* e *valor justo por meio de outros resultados abrangentes* depende somente do modelo de negócios da entidade.

## Valor justo por meio do resultado

Conforme o IFRS 9 (item 4.1.4), todos os ativos financeiros não classificados como mensurados pelo custo amortizado e não classificados como mensurados pelo valor justo por meio de outros resultados abrangentes devem ser classificados como mensurados pelo valor justo por meio do resultado.

De acordo com o IFRS 9 (item 4.1.5), a administração da entidade pode, no ato de reconhecimento, de maneira irrevogável, designar os instrumentos financeiros básicos como mensurados pelo modelo do valor justo mediante resultado.

Vejamos, a seguir, dois exemplos de como o modelo de negócios pode ser identificado e, consequentemente, pode afetar a classificação do saldo de contas a receber de clientes entre custo amortizado, valor justo por meio de outros resultados abrangentes ou valor justo por meio do resultado.

### Exemplo 1 – Custo amortizado

A empresa Comercial Paciente Ltda. costuma vender mercadorias a seus clientes a prazo, nos termos normais de mercado, ou seja, o cliente normalmente tem a possibilidade de dividir o valor da compra em até três parcelas mensais sucessivas e iguais, sem juros. A administração da Comercial Paciente Ltda. costuma manter as duplicatas a receber de seus clientes em carteira, custodiadas na empresa, até a data de vencimento, quando a equipe da tesouraria faz a cobrança aos clientes.

**SOLUÇÃO**

Nesse caso, o modelo de negócios dessa entidade é manter ativos com o propósito de recolher seus fluxos de caixa contratuais. Portanto, a Comercial Paciente deveria classificar suas contas a receber de clientes como um ativo financeiro mensurado pelo custo amortizado.

### Exemplo 2 – Valor justo por meio do resultado

A empresa Comercial Impaciente Ltda. costuma vender mercadorias a seus clientes a prazo, nos termos normais de mercado, ou seja, o cliente normalmente tem a possibilidade de dividir o valor da compra em até três parcelas mensais sucessivas e iguais, sem juros. A administração da Comercial Impaciente Ltda. costuma vender as duplicatas a receber de seus clientes ao banco comercial no qual mantém sua conta-corrente. Toda segunda-feira, pela manhã, as duplicatas a receber de clientes referentes às vendas a prazo realizadas na semana anterior são remetidas ao banco que, imediatamente, deposita na conta-corrente da empresa o montante equivalente ao valor presente desse conjunto de títulos descontado de outros custos de transação cobrados pelo banco.

**SOLUÇÃO**

Nesse caso, o modelo de negócios dessa entidade não é manter ativos com o propósito de recolher seus fluxos de caixa contratuais. Portanto, a Comercial Impaciente deveria classificar seu contas a receber de clientes como um ativo financeiro mensurado pelo valor justo por meio do resultado.

### Exemplo 3 – Valor justo por meio de outros resultados abrangentes

A empresa Comercial Flexível Ltda. costuma vender mercadorias a seus clientes a prazo, nos termos normais de mercado, ou seja, o cliente normalmente tem a possibilidade de dividir o valor da compra em até três parcelas mensais sucessivas e iguais, sem juros. A Comercial Flexível Ltda. detém ativos financeiros para atender a suas necessidades diárias de liquidez, de modo que detém ativos financeiros para receber fluxos de caixa contratuais e vende ativos financeiros para reinvestir em ativos financeiros com rendimentos mais elevados ou para combinar melhor a duração de seus passivos.

No passado, essa estratégia resultou em atividade frequente de vendas e essas vendas foram significativas em valor. Espera-se que a atividade continue no futuro.

SOLUÇÃO

Nesse caso, o modelo de negócios dessa entidade é atingido tanto pelo recebimento de fluxos de caixa contratuais quanto pela venda de ativos financeiros. Portanto, a Comercial Flexível deveria classificar seu contas a receber de clientes como um ativo financeiro mensurado pelo valor justo por meio de outros resultados abrangentes.

## Especificidades do CPC PME

O pronunciamento contábil aplicável às pequenas e médias empresas (CPC PME) estabelece outro critério para classificação dos instrumentos financeiros básicos entre mensurados pelo método do custo amortizado e mensurados pelo modelo do valor justo por meio do resultado. Ademais, em conformidade com o CPC PME, ativos financeiros básicos não podem ser mensurados pelo modelo do valor justo por meio de outros resultados abrangentes; somente outros ativos financeiros o podem (os não básicos).

Nesse aspecto, o CPC PME é muito mais simples que o IFRS 9 porque não determina a classificação com base naqueles dois fatores (modelo de negócios e fluxo de caixa contratual). Simplesmente, determina que todos os instrumentos financeiros básicos devem ser mensurados pelo método do custo amortizado, exceto o investimento em ações (ordinárias ou preferenciais) de outras entidades, que deve ser avaliado com base no valor justo se esse valor puder ser determinado de modo confiável (CPC PME 11.8 (d), 11.14 (c) (i) e 11.27), desde que tal investimento não seja classificado como investimento em controlada, coligada nem entidade controlada em conjunto.

Caso o investimento em ações de outras companhias seja classificado como investimento em controlada, coligada ou entidade controlada em conjunto, não será considerado um instrumento financeiro e não será contabilizado em conformidade com o IFRS 9 nem em conformidade com a seção 11 do CPC PME, mas o será conforme o IFRS 10 (que corresponde ao CPC 36 e à NBC TG 36) ou seção 9 do CPC PME (controlada), IAS 28 (que corresponde ao CPC 18 e à NBC TG 18) ou seção 14 do CPC PME (coligada), IFRS 11 (que corresponde ao CPC 19 e à NBC TG 19) ou seção 15 do CPC PME (entidade controlada em conjunto) – tema que não é objeto desta obra.

## Momento e critérios de reconhecimento

Conforme o item 3.1.1 do IFRS 9 e o item 11.12 do CPC PME, "a entidade reconhece um ativo financeiro [...] somente quando tornar-se parte das disposições contratuais do instrumento".

Portanto, na prática, a entidade deve reconhecer ativos financeiros quando as seguintes condições forem atendidas:

1. Contas a receber de clientes: a entidade vender (ou prestar serviços) a prazo e reconhecer a receita de vendas (ou prestação de serviços) dessa transação.
2. Empréstimos concedidos: a entidade firmar o contrato de empréstimo com o tomador do recurso e a entidade cumprir sua parte do contrato, isto é, transferir o recurso ao mutuário.
3. Ações de outras companhias (somente ações de entidades não classificadas como controladas nem coligadas, nem empreendimentos controlados em conjunto): a entidade comprar tais ações, isto é, quando a entidade se tornar investidora.

## Mensurações inicial e subsequente

### Mensuração inicial

Os instrumentos financeiros básicos devem ser mensurados no ato de reconhecimento (mensuração inicial) conforme sua classificação.

Se o instrumento financeiro for classificado como mensurado pelo modelo do valor justo mediante resultado, deve ser mensurado inicialmente pelo valor justo no momento de seu reconhecimento (IFRS 9.5.1.1). Normalmente, o preço transacionado é igual ao valor justo no momento de reconhecimento. Portanto, para simplificar, o pronunciamento contábil aplicável às pequenas e médias empresas estabelece que o instrumento financeiro classificado como mensurado pelo modelo do valor justo mediante resultado deve ser mensurado inicialmente pelo preço transacionado (CPC PME 11.13).

Entretanto, se o ativo financeiro for classificado como mensurado pelo método do custo amortizado ou pelo modelo do valor justo por meio de outros resultados abrangentes, deve ser mensurado inicialmente pelo valor justo no momento de seu reconhecimento mais os custos de transação que forem diretamente atribuíveis à aquisição ou emissão do instrumento financeiro (IFRS 9.5.2.1).

Vejamos alguns exemplos.

#### Exemplo 4 – Ativo financeiro, valor justo

A administração da empresa Comercial Especulação Ltda. resolveu aplicar uma sobra de caixa na compra de ações da Vale S/A. Em 5 de junho de 20X1, a Comercial Especulação Ltda., por meio de sua corretora de valores mobiliários, comprou na BM&FBovespa um lote de mil ações ordinárias da Vale (VALE3) pelo preço de $ 30,84 por ação. Nessa transação, a Comercial Especulação Ltda. incorreu em custos de corretagem cobrados pela corretora no valor

**total de $ 200, de modo que o valor total desembolsado na aquisição desse lote de ações foi $ 31.040.**

SOLUÇÃO

Considere-se se que: (a) a Comercial Especulação adota o CPC PME; (b) a Comercial Especulação não prepondera nas deliberações societárias da Vale S/A isoladamente nem em conjunto com outro investidor (portanto, Vale S/A não é controlada nem empreendimento controlado em conjunto pela Comercial Especulação), e não exerce influência significativa sobre a Vale S/A (portanto, a Vale S/A não é coligada da Comercial Especulação), e (c) o valor justo da VALE3 pode ser facilmente obtido mediante consulta à BM&FBovespa; a Comercial Especulação deve classificar seu investimento em ações da Vale S/A como mensurado pelo modelo do valor justo mediante resultado. Portanto, em 5 de junho de 20X1, na mensuração inicial desse ativo financeiro básico, a Comercial Especulação deve reconhecer o ativo somente pelo preço transacionado, isto é, $ 30.840 (ou seja, 1.000 × $ 30,84), e o custo de corretagem ($ 200) deve ser reconhecido diretamente no resultado, como despesa. Por conseguinte, deveria fazer o seguinte lançamento contábil:

| | | |
|---|---|---|
| D | Investimento em ações da Vale S/A, ativo financeiro básico | 30.840 |
| D | Despesa, resultado do período | 200 |
| C | Caixa e equivalente de caixa, ativo financeiro básico | 31.040 |
| Histórico: 5 de junho de 20X1, aquisição de mil ações ordinárias da Vale S/A (VALE3) por $ 30,84/ação com o propósito de especular (não classificada como controlada, coligada nem controlada em conjunto). Na aquisição incorreu em custos de transação (taxa de corretagem) no valor de $ 200. | | |

Considere-se que a Comercial Especulação adota o IFRS 9 e sabendo-se que ações ordinárias da Vale S/A não preveem fluxo de caixa contratual que seja exclusivamente pagamento do principal e juros sobre o saldo remanescente do principal; a Comercial Especulação deve classificar seu investimento em ações da Vale S/A como mensurado pelo modelo do valor justo por meio do resultado. Portanto, em 5 de junho de 20X1, na mensuração inicial desse ativo financeiro básico, a Comercial Especulação deve reconhecer o ativo somente pelo valor justo, que é igual preço transacionado (preço cotado na BM&FBovespa), isto é, $ 30.840 (ou seja, 1.000 × $ 30,84), e o custo de corretagem ($ 200) deve ser reconhecido diretamente no resultado, como despesa. Sendo assim, nesse caso não haveria diferença entre a contabilização requerida pelo IFRS 9 e pelo CPC PME, de modo que o lançamento contábil seria idêntico ao já apresentado – embora a justificativa da classificação seja diferente.

### Exemplo 5 – Ativo financeiro, custo amortizado (CPC PME) ou valor justo por meio do resultado (IFRS 9)

A administração da empresa Comercial Especulação Ltda. resolveu aplicar uma sobra de caixa na compra de cotas do capital social da Padaria da Esquina Ltda. Em 7 de junho de 20X1, a Comercial Especulação adquiriu, por meio de consultoria financeira, 100 cotas do capital social, que representam 1% do capital da Padaria da Esquina Ltda. pelo preço total de $ 4 mil. Nessa transação, a Comercial Especulação incorreu em custos de corretagem cobrados pela consultoria no valor total de $ 250, de modo que o valor total desembolsado na aquisição dessa participação societária foi $ 4.250.

SOLUÇÃO

Considere-se que: (a) a Comercial Especulação adota o CPC PME; (b) a Comercial Especulação não prepondera nas deliberações societárias da Padaria da Esquina isoladamente nem em conjunto com outro investidor (portanto, Padaria da Esquina não é controlada nem empreendimento controlado em conjunto pela Comercial Especulação) e não exerce influência significativa sobre a Padaria da Esquina (portanto, a Padaria da Esquina não é coligada da

Comercial Especulação), e (c) o valor justo das cotas do capital social da Padaria da Esquina não pode ser facilmente determinado; a Comercial Especulação deve classificar seu investimento em ações da Padaria da Esquina como mensurado pelo método do custo amortizado. Portanto, em 7 de junho de 20X1, na mensuração inicial desse ativo financeiro básico, a Comercial Especulação deve reconhecer no ativo esse investimento por $ 4.250, isto é, $ 4 mil (preço transacionado) mais $ 250 (custo de transação). Por conseguinte, deveria fazer o seguinte lançamento contábil:

| | | |
|---|---|---|
| D | Investimento em cotas do capital social da Padaria da Esquina, ativo financeiro básico | 4.250 |
| C | Caixa e Equivalente de Caixa, ativo financeiro básico | 4.250 |
| Histórico: 7 de junho de 20X1, aquisição de 1% do capital da Padaria da Esquina por $ 4 mil com o propósito de especular (não classificada como controlada, coligada nem controlada em conjunto). Na aquisição, incorreu em custos de transação (taxa de corretagem) no valor de $ 250. | | |

Considerando-se que a Comercial Especulação adota o IFRS 9 e sabendo-se que cotas do capital social da Padaria da Esquina não preveem fluxo de caixa contratual que seja exclusivamente pagamento do principal e juros sobre o saldo remanescente do principal, a Comercial Especulação deve classificar esse seu investimento em ações da Padaria da Esquina como mensurado pelo modelo do valor justo por meio do resultado. Portanto, em 7 de junho de 20X1, na mensuração inicial desse ativo financeiro básico, a Comercial Especulação deve reconhecer o ativo somente pelo valor justo, que é a igual preço transacionado (preço pago numa transação sem favorecimento), isto é, $ 4 mil, e o custo de corretagem ($ 250) deve ser reconhecido diretamente no resultado, como despesa. Portanto, nesse caso haveria diferença entre a contabilização requerida pelo IFRS 9 e aquela requerida pelo CPC PME, de modo que o lançamento contábil seria o seguinte:

| | | |
|---|---|---|
| D | Investimento em cotas do capital social da Padaria da Esquina, ativo financeiro básico | 4.000 |
| D | Despesa, resultado do período | 250 |
| C | Caixa e Equivalente de Caixa, ativo financeiro básico | 4.250 |
| Histórico: 7 de junho de 20X1, aquisição de 1% do capital da Padaria da Esquina por $ 4 mil com o propósito de especular (não classificada como controlada, coligada nem controlada em conjunto). Na aquisição incorreu em custos de transação (taxa de corretagem) no valor de $ 250. | | |

## Mensuração subsequente

Conforme a classificação determinada no momento de reconhecimento, veja a seção "Classificação" deste capítulo – o ativo financeiro será mensurado subsequentemente pelo método do custo amortizado, ou pelo modelo do valor justo por meio de outros resultados abrangentes, ou ainda pelo modelo do valor justo por meio do resultado.

### *Valor justo por meio do resultado*

O item 9 do IFRS 13 (que corresponde ao CPC 46 e à NBC TG 46) define valor justo como "o preço que seria recebido pela venda de um ativo ou que seria pago pela transferência de um passivo em uma transação não forçada entre participantes do mercado na data de mensuração".

O termo "em uma transação não forçada" significa que nenhuma das partes está desesperada para transacionar o ativo ou passivo, nem que de outra forma esteja em posição de barganha prejudicada por ter de vender ou comprar imediatamente. Exemplos de circunstâncias que podem prejudicar o poder de barganha de uma das partes são:

- situação em que a entidade, em estado de insolvência, precisa se desfazer de um ativo rapidamente para gerar caixa e assim honrar compromissos de curto prazo;
- situação em que a entidade, em estado de falência, por determinação do poder judiciário é forçada a vender seus ativos;
- situação em que a entidade, por determinação de órgão de controle da concorrência, é forçada a vender determinado grupo de ativos adquiridos em combinação de negócios, para evitar concentração de mercado;
- situação em que a entidade está em vias de romper cláusula de contrato de *covenant* e, para evitar a penalidade do rompimento de tal cláusula, vê-se compelida a transferir determinado passivo a terceiros, imediatamente.

O termo "entre participantes do mercado" significa que as partes que transacionam não são partes relacionadas entre si e transacionam sem favorecimentos. Exemplos de partes relacionadas são:

- uma entidade e seu controlador (seja pessoa física ou jurídica);
- uma entidade e seu investidor que exerce influência significativa em suas deliberações societárias (seja pessoa física ou jurídica);
- uma entidade e pessoal-chave de sua administração, isto é, "pessoas que têm autoridade e responsabilidade pelo planejamento, direção e controle das atividades da entidade, direta ou indiretamente, incluindo qualquer administrador (executivo ou outro) dessa entidade" (IAS 24.9);
- uma entidade e membros próximos da família de seu controlador;
- duas entidades sob controle comum.

Os termos "pessoa-chave da administração", "membros próximos da família" e "controle comum" são definidos no IAS 24 (que corresponde ao CPC 05 e à NBC TG 05). Para os propósitos deste capítulo é relevante apresentar a definição de membros próximos da família de uma pessoa como "aqueles membros da família dos quais se pode esperar que exerçam influência ou sejam influenciados pela pessoa nos negócios desses membros com a entidade e incluem: (a) os filhos da pessoa, cônjuge ou companheiro(a); (b) os filhos do cônjuge da pessoa ou de companheiro(a); e (c) dependentes da pessoa, de seu cônjuge ou companheiro(a)" (IAS 24.9).

O termo "na data de mensuração" significa a qualquer momento em que se determine (mensure) o valor justo. Para fins didáticos, vamos admitir que a mensuração subsequente fosse efetuada somente no final do período contábil, portanto, em 31 de dezembro. Dessa forma, "na data de mensuração" significaria em 31 de dezembro.

O IFRS 13 explica o que é o valor justo.

> O valor justo é uma mensuração baseada em mercado e não uma mensuração específica da entidade. Para alguns ativos e passivos, pode haver informações de mercado ou transações de mercado observáveis disponíveis e para outros pode não haver. Contudo, o objetivo da mensuração do valor justo em ambos os casos é o mesmo – estimar o preço pelo qual uma transação não forçada para vender o ativo ou para transferir o passivo ocorreria entre participantes do mercado na data de mensuração sob condições correntes de mercado (ou seja, um preço de saída na data de mensuração do ponto de vista de participante do mercado que detenha o ativo ou o passivo) [IFRS 13.2].

O mesmo IFRS 13 explica como determinar o valor justo quando o preço de mercado não for observável.

> Quando o preço para um ativo ou passivo idêntico não é observável, a entidade mensura o valor justo utilizando outra técnica de avaliação que maximiza o uso de dados observáveis relevantes e minimiza

o uso de dados não observáveis. Por ser uma mensuração baseada em mercado, o valor justo é mensurado utilizando-se as premissas que os participantes do mercado utilizariam ao precificar o ativo ou o passivo, incluindo premissas sobre risco. Como resultado, a intenção da entidade de manter um ativo ou de liquidar ou, de outro modo, satisfazer um passivo não é relevante ao mensurar o valor justo [IFRS 13.3].

Esses dois itens do IFRS 13 são fundamentais para se compreender a hierarquia de informações para determinação do valor justo estabelecida nos itens 72 a 90 do IFRS 13:

- Informações de primeiro nível: "São preços cotados (não ajustados) em mercados ativos para ativos ou passivos idênticos a que a entidade possa ter acesso na data de mensuração" (IFRS 13.76).
- Informações de segundo nível: "São informações que são observáveis para o ativo ou passivo, seja direta ou indiretamente, exceto preços cotados incluídos no Nível 1" (IFRS 13.81).
- Informações de terceiro nível: "São dados não observáveis para o ativo ou passivo" (IFRS 13.86).

Uma vez que se determine o valor justo do ativo financeiro ou passivo financeiro (classificado como mensurado ao valor justo), deve-se ajustar seu valor contábil ao valor justo, sendo a contrapartida reconhecida no resultado do período. Vejamos alguns exemplos.

Exemplo 6 – Mensuração subsequente de ativo financeiro classificado como mensurado ao valor justo por meio do resultado, aumento de valor

As mesmas circunstâncias do exemplo 4. Considere, entretanto, neste exemplo, que em 30 de junho de 20X1 as mil ações ordinárias da Vale (VALE3) ainda estejam em carteira (isto é, ainda não foram vendidas pela empresa Comercial Especulação Ltda.) e que, nessa data, cada ação esteja sendo negociada na BM&FBovespa por $ 35.

SOLUÇÃO

Considerando-se que a Comercial Especulação adota o CPC PME e que na mensuração inicial reconheceu esse ativo por $ 30.840 (veja o exemplo 4), em 30 de junho de 20X1 a entidade deverá reconhecer o acréscimo patrimonial de $ 4.160 (ou seja, 1.000 × $ 35 – $ 30.840) diretamente no resultado, como receita. Por conseguinte, deverá fazer o seguinte lançamento contábil:

| | | |
|---|---|---|
| D | Investimento em ações da Vale S/A, ativo financeiro básico | 4.160 |
| C | Receita, resultado do período | 4.160 |
| Histórico: 30 de junho de 20X1, valorização das mil ações ordinárias da Vale S/A (VALE3) adquiridas em 5 de junho de 20X1 por $ 30,84/ação, atualmente cotadas na BM&FBovespa por $ 35 (valor justo). | | |

Mesmo que a Comercial Especulação adote o IFRS 9, nesse caso não haveria diferença entre a contabilização requerida pelo IFRS 9 e pelo CPC PME, de modo que o lançamento contábil seria idêntico ao já apresentado.

### Exemplo 7 – Mensuração subsequente de ativo financeiro classificado como mensurado ao valor justo por meio do resultado, redução de valor

**As circunstâncias são as mesmas do exemplo 6, entretanto. Considere, neste exemplo, que em 30 de junho de 20X1 cada ação esteja sendo negociada na BM&FBovespa por $ 29.**

SOLUÇÃO

Considerando-se que a Comercial Especulação adota o CPC PME e que na mensuração inicial reconheceu esse ativo por $ 30.840 (veja o exemplo 4), em 30 de junho de 20X1 a entidade deverá reconhecer a redução patrimonial de $ 1.840 (ou seja, 1.000 × $ 29 – $ 30.840) diretamente no resultado, como despesa. Por conseguinte, deverá fazer o seguinte lançamento contábil:

| | | |
|---|---|---|
| D | Despesa, resultado do período | 1.840 |
| C | Investimento em ações da Vale S/A, ativo financeiro básico | 1.840 |
| Histórico: 30 de junho de 20X1, desvalorização das mil ações ordinárias da Vale S/A (VALE3) adquiridas em 5 de junho de 20X1 por $ 30,84/ação, atualmente cotadas na BM&FBovespa por $ 29 (valor justo). | | |

Mesmo que a Comercial Especulação adote o IFRS 9, neste caso não haveria diferença entre a contabilização requerida pelo IFRS 9 e pelo CPC PME, de modo que o lançamento contábil seria idêntico ao já apresentado.

### *Custo amortizado*

A rigor, dependendo das características do instrumento financeiro, a entidade pode mensurá-lo pelo custo ou pelo custo amortizado. Vejamos inicialmente o método do custo, que é mais simples.

Pelo método do custo o ativo é mantido no balanço (mensuração subsequente) pelo valor da mensuração inicial.

Exemplo 8 – Mensuração subsequente de ativo financeiro classificado como mensurado pelo custo

As mesmas circunstâncias do exemplo 5. Entretanto, neste exemplo, em 31 de dezembro de 20X1 a empresa Comercial Especulação Ltda. ainda mantém em carteira as cotas do capital social da Padaria da Esquina Ltda. Adicionalmente, sabe-se que nessa data a Comercial Especulação foi notificada pela administração da Padaria da Esquina que esta lhe distribuirá dividendos no valor total de $ 180, a serem pagos em fevereiro de 20X2.

SOLUÇÃO

Considerando-se que a Comercial Especulação adota o CPC PME e, consequentemente, que esse ativo financeiro é mensurado pelo método do custo, em 31 de dezembro de 20X1, ao elaborar as demonstrações contábeis do ano encerrado nessa data, as cotas do capital social da Padaria da Esquina deverão permanecer mensuradas por $ 4.250, isto é, o valor da mensuração inicial. Por conseguinte, o único lançamento contábil pertinente é o relativo ao direito de receber dividendos, que corresponde a uma receita, como segue:

| | | |
|---|---|---|
| D | Dividendos a receber, ativo circulante | 180 |
| C | Receita, resultado do período | 180 |
| Histórico: 31 de dezembro de 20X1, dividendos a receber da Padaria da Esquina, vencimento em fevereiro de 20X2. | | |

Observe que não é pertinente comentar esse exemplo à luz do IFRS 9. Afinal, segundo esse pronunciamento contábil, as cotas do capital social da Padaria da Esquina seriam mensuradas pelo modelo do valor justo mediante resultado (veja o exemplo 4).

### Exemplo 9 – Mensuração subsequente de ativo financeiro classificado como mensurado pelo custo

A empresa Comercial Paciente Ltda. costuma vender mercadorias a seus clientes a prazo, nos termos normais de mercado, ou seja, o cliente normalmente tem a possibilidade de dividir o valor da compra em até três parcelas mensais sucessivas e iguais, sem juros. A administração da Comercial Paciente Ltda. costuma manter em carteira as duplicatas a receber de seus clientes, custodiadas na empresa, até a data de vencimento, quando a equipe da tesouraria faz a cobrança aos clientes.

Em 1º de setembro de 20X1, a Comercial Paciente vendeu mercadorias a prazo pelo montante de $ 12 mil. Nessa data, a entidade reconheceu receita de vendas (a crédito no resultado) em contrapartida do contas a receber de clientes (a débito) pelo valor de $ 12 mil.

SOLUÇÃO

Independentemente de a Comercial Paciente adotar o CPC PME ou o IFRS 9, esse ativo financeiro deve ser mensurado subsequentemente pelo método do custo. Então, em 30 de setembro de 20X1, ao elaborar as demonstrações contábeis do trimestre encerrado nessa data, as duplicatas a receber de clientes deverão permanecer mensuradas por $ 12 mil, isto é, o valor da mensuração inicial. Por conseguinte, nenhum ajuste contábil deve ser reconhecido nessa data.

Enquanto pelo método do custo o instrumento financeiro permanece mensurado pelo valor reconhecido em seu registro inicial, pelo método do custo amortizado o valor do instrumento financeiro é ajustado para se reconhecer a capitalização dos juros.

É importante observar que a taxa de juros a ser considerada para fins contábeis deve ser a "taxa efetiva de juros", que, não necessariamente, é igual à taxa nominal do contrato.

O item 11.16 do CPC PME explica o método da taxa efetiva de juros.

> 11.16. O método da taxa efetiva de juros é um método para calcular o custo amortizado de ativo ou passivo financeiro (ou grupo de ativos e passivos financeiros), e de alocar os rendimentos de juros ou despesas com juros durante o período correspondente. A taxa efetiva de juros é a taxa que desconta exatamente os pagamentos ou recebimentos futuros de caixa estimados, durante a vida esperada do instrumento financeiro ou, quando apropriado, por um período mais curto, ao valor contábil do ativo ou passivo financeiro. A taxa efetiva de juros é determinada com base no valor contábil do ativo ou passivo financeiro no reconhecimento inicial. Segundo o método da taxa efetiva de juros:

(a) o custo amortizado do ativo (passivo) financeiro é o valor presente dos recebimentos (pagamentos) futuros de caixa, descontados pela taxa efetiva de juros.
(b) a despesa (receita) com juros no período é igual ao valor contábil do passivo (ativo) financeiro no início do exercício, multiplicado pela taxa efetiva de juros para o período.

O item 11.17 do CPC PME explica quais fluxos de caixa devemos considerar na determinação da taxa efetiva de juros.

> 11.17. Ao calcular a taxa efetiva de juros, a entidade estima os fluxos de caixa considerando os termos contratuais do instrumento financeiro (por exemplo, pagamento antecipado, exercício de opção e opções semelhantes) e as perdas de crédito conhecidas nas quais tenha incorrido, mas não são consideradas possíveis perdas futuras de crédito ainda não incorridas.

O item 11.18 do CPC PME explica como devemos utilizar a taxa efetiva de juros na determinação do custo amortizado.

> 11.18. Ao calcular a taxa efetiva de juros, a entidade deve amortizar quaisquer taxas relacionadas, encargos financeiros pagos ou recebidos (tais como "pontos"), custos de transações e outros prêmios ou descontos durante a vida esperada do instrumento, exceto o seguinte. A entidade usa um período mais curto se esse for o período a que estão relacionadas as taxas, encargos financeiros pagos ou recebidos, custos de transação, prêmios ou descontos. É esse o caso quando a variável à qual tais taxas, encargos financeiros pagos ou recebidos, custos de transação, prêmios ou descontos estão relacionados são atualizados às taxas de mercado, antes do vencimento esperado do instrumento. Em tal caso, o período de amortização apropriado é o da próxima data de atualização.

Portanto, o conceito de taxa efetiva de juros é o mesmo da taxa interna de retorno (TIR). Sobre a taxa interna de retorno, sugere-se ler Faro e Lachtermarcher (2012).

### Exemplo 10 – Mensuração subsequente de ativo financeiro classificado como mensurado pelo custo amortizado

A empresa Comercial Muito Paciente Ltda. costuma vender mercadorias a seus clientes a prazo, em termos diferentes dos normais de mercado, ou seja, na Comercial Muito Paciente, o cliente tem a possibilidade de dividir o valor da compra em até 36 parcelas mensais sucessivas e iguais, sem juros. Embora a campanha publicitária da Comercial Muito Paciente insista em afirmar que não cobra juros ao cliente, isso é uma propaganda enganosa; afinal, os juros são embutidos no preço de venda.

A administração da Comercial Muito Paciente costuma manter as duplicatas a receber de seus clientes em carteira, custodiadas na empresa, até a data de vencimento, quando a equipe da tesouraria faz a cobrança aos clientes.

Em 1º de setembro de 20X1, a Comercial Muito Paciente vendeu mercadorias a prazo pelo preço nominal de $ 18 mil. De acordo com os termos do financiamento, o cliente deverá pagar $ 500 por mês ao longo dos próximos 36 meses, a primeira duplicata com vencimento em 1º de outubro de 20X1, aparentemente sem juros. Entretanto, em 1º de setembro de 20X1, a Comercial Muito Paciente seria indiferente em receber o montante de $ 12 mil à vista, pois, sua administração embutiu os juros no preço de venda, à taxa de 2,379992% ao mês. Essa taxa corresponde à taxa efetiva de juros. Portanto, o valor justo da contraprestação recebível é $ 12 mil e a diferença entre o preço nominal (que corresponde ao somatório do valor de face das duplicatas) e o valor justo da contraprestação recebível representa os juros embutidos no preço, que, neste exemplo, somam $ 6 mil. Assim, nessa data a entidade reconheceu receita de vendas (a crédito no resultado) em contrapartida do contas a receber de clientes (a débito) pelo valor de $ 12 mil. A rigor, o contas a receber de clientes foi desmembrado em duas subcontas: (a) duplicatas a receber = $ 18.000, e (b) conta redutora de duplicatas a receber – juros a transcorrer = $ 6.000.

SOLUÇÃO

Independentemente de a Comercial Paciente adotar o CPC PME ou o IFRS 9, esse ativo financeiro deve ser mensurado subsequentemente pelo método do custo amortizado. Então, em 30 de setembro de 20X1, ao elaborar as demonstrações contábeis do trimestre encerrado nessa data, às duplicatas a receber de clientes deverão ser capitalizados os juros do primeiro mês de financiamento (isto é, setembro de 20X1) à taxa efetiva de juros de 2,379992% ao mês, em contrapartida do resultado do exercício, mediante o reconhecimento da receita financeira no montante de $ 285,60 (isto é, $ 12.000 × 2,379992%). Por conseguinte, o ajuste contábil a seguir deve ser reconhecido nessa data.

| | | |
|---|---|---|
| D | Duplicatas a receber de clientes, ativo circulante | 285,60 |
| C | Receita financeira, resultado do período | 285,60 |
| Histórico: 30 de setembro de 20X1, receita financeira relativa à capitalização dos juros à taxa efetiva de 2,379992% ao mês sobre ativo financeiro mensurado pelo método do custo amortizado. | | |

Desse modo, em 30 de setembro de 20X1, as duplicadas a receber de clientes serão apresentadas por $ 12.285,60.

*Valor justo por meio de outros resultados abrangentes*

Os outros resultados abrangentes são itens de receita ou despesa que não são apresentados na demonstração do resultado do exercício

(DRE), mas na demonstração de outros resultados abrangentes (DRA). Por conseguinte, os outros resultados abrangentes não se confundem com o lucro líquido; logo, não afetam a base de cálculo de dividendos nem o saldo de lucros acumulados (ou reservas de lucros) no patrimônio líquido; então afetam a conta homônima no patrimônio líquido, onde seu saldo é acumulado.

Exemplo 11 – Mensuração subsequente de ativo financeiro classificado como mensurado pelo valor justo por meio de outros resultados abrangentes

A empresa Comercial Flexível Ltda. costuma vender mercadorias a seus clientes a prazo, nos termos normais de mercado, ou seja, o cliente normalmente tem a possibilidade de dividir o valor da compra em até três parcelas mensais sucessivas e iguais, sem juros. A Comercial Flexível Ltda. detém ativos financeiros para atender suas necessidades diárias de liquidez, de modo que detém ativos financeiros para receber fluxos de caixa contratuais e vende ativos financeiros para reinvestir em ativos financeiros com rendimentos mais elevados ou para combinar melhor a duração de seus passivos. No passado, essa estratégia resultou em atividade frequente de vendas e essas vendas foram significativas em valor. Espera-se que a atividade continue no futuro.

Em 1º de setembro de 20X1, a Comercial Paciente vendeu mercadorias a prazo pelo montante de $ 12 mil. Nessa data, a entidade reconheceu receita de vendas (a crédito no resultado) em contrapartida do contas a receber de clientes (a débito) pelo valor de $ 12 mil.

SOLUÇÃO

Considerando-se que a entidade Comercial Flexível adota o CPC PME, a resolução deste exemplo seria idêntica à do exemplo 9. Contudo, se a Comercial Flexível adotasse o IFRS 9, esse ativo financeiro deveria ser mensurado subsequentemente pelo modelo do valor justo por meio de outros resultados abrangentes.

Então, em 30 de setembro de 20X1, ao elaborar as demonstrações contábeis do trimestre encerrado nessa data, a administração da entidade deveria determinar o valor justo dessas duplicatas a receber de clientes.

Digamos que, nessa data, o valor justo dessas duplicatas a receber de clientes fosse estimado em $ 11.500. A Comercial Flexível deveria ajustar o valor contábil de seu ativo financeiro em contrapartida da despesa com ajuste ao valor justo apresentada em outros resultados abrangentes, como segue:

| | | |
|---|---|---|
| D | Despesa com ajuste ao valor justo, outros resultados abrangentes | 500 |
| C | Duplicatas a receber de clientes, ativo circulante | 500 |
| Histórico: 30 de setembro de 20X1, ajuste ao valor justo de ativos financeiros mensurados pelo valor justo por meio de outros resultados abrangentes. | | |

*Perda por redução ao valor recuperável*

Periodicamente, ao final de cada exercício, a entidade precisa testar a recuperabilidade do valor contábil de seus ativos financeiros. O teste de recuperabilidade só é aplicável aos ativos não mensurados pelo valor justo.

O teste de recuperabilidade consiste em comparar o valor contábil, isto é, saldo final do ativo na data do balanço, com seu maior valor recuperável. Se o valor contábil estiver maior que o valor recuperável, a entidade precisa reconhecer a perda no resultado do período, para reduzir o valor contábil ao valor recuperável. Por outro lado, se o valor contábil for menor ou igual ao valor recuperável, a entidade não deve fazer ajuste algum.

No caso dos ativos financeiros, o valor recuperável é o montante pelo qual a administração da entidade espera transformar o ativo financeiro em caixa. Por exemplo, o valor recuperável de contas a receber de clientes é o valor que a entidade espera efetivamente receber dos clientes, descontada a inadimplência esperada. Veja o exemplo 12 a seguir.

### Exemplo 12 – Reconhecimento da perda por irrecuperabilidade

Em 1º de novembro de 20X0, a empresa Comercial Desatenta Ltda. vendeu mercadorias a prazo para a empresa Mau-Pagador Ltda. O valor total da receita reconhecida nessa data foi $ 30 mil, e a data de vencimento da duplicata era 1º de fevereiro de 20X1 (parcela única); o valor da baixa das mercadorias vendidas foi $ 20 mil. Durante o mês de dezembro de 20X0, a empresa Mau-Pagador teve sua falência decretada. Em 31 de dezembro de 20X0, a administração da Comercial Desatenta julgou, com base no parecer de seus advogados, que espera receber somente $ 4 mil da empresa Mau-Pagador.

SOLUÇÃO

Considerando-se que a Comercial Desatenta adote o CPC PME, esse ativo financeiro seria classificado como mensurado pelo custo amortizado em 1º de novembro de 20X0. Caso a entidade adotasse o IFRS 9, precisar-se-ia identificar qual o seu modelo de negócios com relação ao contas a receber de clientes; digamos que fosse o de manter as duplicatas a receber de seus clientes em carteira até a data de vencimento. Então esse ativo financeiro também seria classificado como mensurado pelo custo amortizado em 1º de novembro de 20X0. Portanto, esse ativo teria sido mensurado inicialmente por $ 30 mil e esse seria seu valor contábil em 31 de dezembro de 20X0 antes de se reconhecer qualquer perda por irrecuperabilidade. Sabendo-se que a administração da Comercial Desatenta só espera realizar $ 4 mil de um título cujo valor contábil é $ 30 mil, a entidade não espera recuperar $ 26 mil do valor daquele ativo. Portanto, a Comercial Desatenta deveria fazer o seguinte lançamento contábil:

| | | |
|---|---|---|
| D | Despesa, resultado do período | 26.000 |
| C | Perda por irrecuperabilidade de contas a receber (conta redutora) | 26.000 |
| Histórico: 31 de dezembro de 20X0, reconhecimento de perda por irrecuperabilidade de contas a receber da empresa Mau-Pagador. | | |

No final de 20X0, o contas a receber seria apresentado pelo valor líquido de $ 4 mil.

A rigor, a mensuração do valor recuperável de ativos financeiros é uma atividade razoavelmente complexa, pois envolve a expectativa de o devedor não honrar seu compromisso nas condições previamente acordadas, independentemente de decretação de falência do devedor. Normalmente, as empresas utilizam modelos financeiros para realizar tal estimativa.

Observe que a perda de contas a receber não é algo novo na contabilidade brasileira; afinal, mesmo antes de adotarmos os IFRSs, já reconhecíamos a provisão para devedores duvidosos (PDD) ou provisão para créditos de liquidação duvidosa (PCLD), que agora está também sendo chamada de perda esperada para créditos de liquidação duvidosa (PECLD), ou simplesmente perda de crédito esperada (PCE). A principal diferença é que, antigamente, as empresas costumavam calcular a PDD com base no valor máximo permitido pela Secretaria da Receita Federal, de modo a deduzir o maior valor possível da base de cálculo do imposto de renda. Atualmente, não importa a dedutibilidade fiscal, as empresas devem mensurar a perda de modo a melhor refletir a expectativa de sua administração quanto à recuperabilidade do contas a receber.

Caso a situação que deu origem ao reconhecimento da perda por irrecuperabilidade seja revertida, a entidade deve aumentar o valor contábil de seu ativo financeiro ao novo valor recuperável, sendo esse ajuste limitado ao valor da perda anteriormente reconhecida.

Exemplo 13 – Reversão da perda por irrecuperabilidade

As mesmas circunstâncias do exemplo 12. Neste exemplo, entretanto, em 31 de março de 20X1 a empresa Comercial Desatenta Ltda. ainda não havia recebido o valor relativo à duplicata da venda realizada em novembro de 20X0, mas sua administração julgou, com base em novos elementos apresentados pelos advogados, que a entidade espera receber $ 7.500 da empresa Mau-Pagador.

SOLUÇÃO

Sabendo-se que o valor contábil desse ativo financeiro, em 31 de março de 20X1, antes de se reconhecer qualquer ajuste, era $ 4 mil, e que atualmente a administração da Comercial Desatenta espera realizar $ 7.500, a entidade espera recuperar $ 3.500 além do valor contábil nessa data. Portanto, a Comercial Desatenta deveria reverter parte da perda reconhecida em dezembro de 20X0, mediante o seguinte lançamento contábil:

| | | |
|---|---|---|
| D | Perda por irrecuperabilidade de contas a receber (conta redutora) | 3.500 |
| C | Despesa, resultado do período | 3.500 |
| Histórico: 31 de março de 20X1, reconhecimento da reversão parcial de perda por irrecuperabilidade de contas a receber da empresa Mau-Pagador. | | |

Em 31 de março de 20X1, portanto, o contas a receber seria apresentado pelo valor líquido de $ 7.500, composto por valor nominal ($ 30 mil) menos perda por irrecuperabilidade ($ 22.500), isto é, perda reconhecida inicialmente ($ 26 mil) menos parcela revertida ($ 3.500).

## Momento e critérios de baixa

Conforme os itens 11.33 a 11.35 do CPC PME e o item 3.2 do IFRS 9, a entidade deve baixar o ativo financeiro quando: (1) seus direitos contratuais sobre os fluxos de caixa do ativo financeiro vençam ou sejam liquidados; ou (2) a entidade transfira todos ou substancialmente todos os riscos e benefícios associados ao ativo financeiro.

Exemplo 14 – Baixa de ativo financeiro por liquidação

Em 30 de novembro de 20X0, a empresa Comercial Paciente Ltda. vendeu mercadorias por $ 45 mil a determinado cliente, a prazo, nos termos normais de mercado, ou seja, em três parcelas mensais sucessivas e iguais, sem juros. A administração da Comercial Paciente Ltda. costuma manter as duplicatas a receber de seus clientes em carteira, guardadas no cofre da tesouraria, até a data de vencimento, quando a equipe da tesouraria faz a cobrança aos clientes. Em 31 de dezembro de 20X0, a Comercial Paciente recebeu o valor referente à primeira parcela, correspondente a $ 15 mil.

SOLUÇÃO

Tal qual apresentado no exemplo 1, neste caso o modelo de negócios dessa entidade é manter ativos com o propósito de recolher seus fluxos de caixa contratuais. Portanto, a Comercial Paciente deveria classificar suas contas a receber de clientes como um ativo financeiro mensurado pelo custo amortizado. Assim, em 30 de novembro de 20X0, a entidade reconheceu a receita de venda pelo valor de $ 45 mil no resultado do exercício e reconheceu as duplicatas a receber de clientes no ativo circulante pelo mesmo montante.

Em 31 de dezembro de 20X0, ao receber o valor relativo à primeira parcela, o respectivo ativo financeiro foi liquidado. Então, a entidade deve reconhecer sua baixa como segue:

| | | |
|---|---|---|
| D | Caixa e equivalente de caixa, ativo circulante | 15.000 |
| C | Duplicatas a receber de clientes, ativo circulante | 15.000 |
| Histórico: 31 de dezembro de 20X0, liquidação de contas a receber de clientes. | | |

A avaliação quanto à transferência de, substancialmente, todos os riscos e benefícios é realizada mediante a comparação da exposição da entidade, anterior e posteriormente à transferência, com a variabilidade dos montantes e datas dos fluxos de caixa líquidos do ativo transferido. Caso não haja variação significativa na exposição da entidade ao valor presente dos fluxos de caixa líquidos futuros do ativo transferido, a entidade não transferiu substancialmente todos os riscos e benefícios; portanto, não deve reconhecer sua baixa.

Exemplo 15 – Baixa de ativo financeiro por transferência

As mesmas circunstâncias do exemplo 14. Entretanto, neste exemplo, em 1º de dezembro de 20X0 (no dia seguinte ao da venda das mercadorias aos clientes), a empresa Comercial Paciente Ltda. vendeu ao banco todas as três duplicatas a receber relativas às transações daquele dia. Pelos termos dessa transferência, a Comercial Paciente não tem qualquer obrigação perante o banco (ou quem quer que seja) caso os devedores (clientes) não paguem as duplicatas. Consequentemente, em 1º de dezembro de 20X0, o banco depositou na conta-corrente da Comercial Paciente o montante de $ 38 mil.

SOLUÇÃO

Considerando que a Comercial Paciente transferiu substancialmente todos os riscos e benefícios dessas duplicatas a receber, uma vez que não tem qualquer obrigação de ressarcir ao banco em virtude de eventuais perdas, a entidade deve baixar esses ativos financeiros e reconhecer despesa relativa ao custo dessa transferência, que corresponde à diferença entre o valor contábil do ativo transferido e o montante recebido pela transferência. Portanto, a entidade pode efetuar o seguinte lançamento contábil:

| | | |
|---|---|---|
| D | Caixa e equivalente de caixa, ativo circulante | 38.000 |
| D | Despesa, resultado do período | 7.000 |
| C | Duplicatas a receber de clientes, ativo circulante | 45.000 |
| Histórico: 1º de dezembro de 20X0, venda de contas a receber de clientes ao banco (transferência de substancialmente todos os riscos e benefícios). | | |

Exemplo 16 – Não baixa de ativo financeiro – transferência não substancial de riscos e benefícios

As mesmas circunstâncias do exemplo 15. Entretanto, neste exemplo, pelos termos da transferência, a Comercial Paciente tem a obrigação de recomprar as duplicatas do banco caso os devedores (clientes) não liquidem as duplicatas até uma semana após a data de vencimento.

SOLUÇÃO

Considerando que a Comercial Paciente retém, substancialmente, todos os riscos e benefícios dessas duplicatas a receber, uma vez que tem obrigação de ressarcir ao banco eventuais perdas por inadimplência dos devedores dos títulos originais (seus clientes), a entidade não deve baixar esses ativos financeiros. Em vez disso, deve reconhecer os recursos recebidos do banco como um empréstimo garantido pelas duplicatas a receber de clientes. Então, tais duplicatas a receber continuam registradas como itens do ativo financeiro da entidade até que os clientes liquidem suas obrigações. Portanto, a entidade pode efetuar o seguinte lançamento contábil:

| | | |
|---|---|---|
| D | Caixa e equivalente de caixa, ativo circulante | 38.000 |
| D | Juros a transcorrer passivo (redutora do passivo circulante) | 7.000 |
| C | Empréstimos obtidos - garantidos por duplicatas a receber de clientes, passivo circulante | 45.000 |
| Histórico: 1º de dezembro de 20X0, obtenção de empréstimo bancário garantido por contas a receber de clientes (transferência de ativo financeiro com retenção de substancialmente todos os riscos e benefícios relativos aos fluxos de caixa líquidos do instrumento financeiro). | | |

Subsequentemente, a entidade deverá reconhecer as despesas financeiras desse empréstimo pelo método da taxa efetiva de juros.

Conforme os itens 11.36 a 11.38 do CPC PME e o item 3.3 do IFRS 9, a entidade deve baixar o passivo financeiro quando ele é extinto, ou seja, quando a obrigação especificada no contrato é cumprida, cancelada ou quando expira.

## Elaboração das demonstrações contábeis e notas explicativas

O conjunto completo de demonstrações contábeis de propósito geral é composto pelo balanço patrimonial (BP), demonstração do resultado do exercício (DRE), demonstração do resultado abrangente (DRA), demonstração dos fluxos de caixa (DFC), demonstração das mutações do patrimônio líquido (DMPL) e pelas notas explicativas (NE).

### Elaboração das demonstrações contábeis

Quanto ao balanço patrimonial, os ativos financeiros aqui comentados podem ser apresentados no ativo circulante ou no ativo não circulante.

Os ativos financeiros realizáveis em até 12 meses da data do balanço devem ser apresentados no ativo circulante e os demais no ativo não circulante. Com relação ao ativo não circulante, os instrumentos financeiros debatidos neste capítulo deveriam ser apresentados no subgrupo ativo realizável a longo prazo, até mesmo os investimentos em participações societárias, exceto as participações em controlada, empreendimento controlado em conjunto e coligada.

Com exceção de caixa e equivalente de caixa, que devem ser apresentados no ativo circulante, os ativos financeiros que se seguem podem ser contabilizados nas contas de ativo circulante ou de ativo não circulante realizável a longo prazo, conforme o tempo previsto para sua realização: outras aplicações financeiras mensuradas pelo valor justo; outras aplicações financeiras mensuradas pelo custo menos juros a transcorrer e perdas por irrecuperabilidade; duplicatas a receber de clientes mensuradas pelo valor justo; duplicatas a receber de clientes mensuradas pelo custo menos juros a transcorrer e perdas por irrecuperabilidade; empréstimos concedidos menos juros a transcorrer e perdas por irrecuperabilidade; outras contas a receber menos juros a transcorrer e perdas por irrecuperabilidade.

Quanto à demonstração do resultado do exercício, praticamente todas as variações patrimoniais apresentadas neste capítulo seriam nela apresentadas. Exclusivamente o ajuste ao valor justo de ativos financeiros classificados como mensurados pelo modelo do valor justo por meio de outros resultados abrangentes deve ser apresentado na DRA.

Com relação à demonstração dos fluxos de caixa, as transações com instrumentos financeiros (ativos financeiros) podem ser apresentadas de diversas formas.

- Como integrantes da variação do saldo de caixa e equivalentes de caixa, se o instrumento financeiro atender à definição de caixa e equivalente de caixa. É interessante observar que isso também pode ocorrer com o passivo financeiro, como no caso do saldo negativo na conta-corrente de bancos resultante do uso do limite do cheque especial, que no BP é classificado como um item de passivo circulante, mas que na DFC pode ser considerado componente do saldo de caixa ou equivalente de caixa, isto é, se o saldo for exigível contra apresentação e seu uso fizer parte da política de gestão de caixa da entidade, ou como fluxo de caixa da atividade de financiamento, isto é, um empréstimo obtido.
- Como fluxo de caixa da atividade de investimento, especificamente para os ativos financeiros, principalmente as aplicações financeiras que não atendem à definição de caixa e equivalente de caixa.
- Como fluxo de caixa da atividade operacional, como as duplicatas a receber de clientes.

## Notas explicativas

Quanto aos ativos financeiros básicos, diversas são as informações mínimas a serem divulgadas em notas explicativas. Tais informações são requeridas pelo IFRS 7 – Financial Instruments: Disclosures (que corresponde ao CPC 40 e à NBC TG 40). Para apresentar um breve resumo das informações requeridas pelo Full IFRS, a seguir são relacionadas as informações mínimas requeridas pelo CPC PME, exclusivamente em relação aos ativos financeiros básicos. A entidade deve divulgar os valores contabilizados de cada uma das seguintes categorias de ativos financeiros, na data de referência, pelo total:

(a) ativos financeiros avaliados pelo valor justo com ajustes ao resultado;
(b) ativos financeiros avaliados pelo custo amortizado;
(c) ativos financeiros que são instrumentos patrimoniais avaliados pelo custo menos redução ao valor recuperável;
(d) [...];
(e) [...];
(f) empréstimos recebíveis avaliados pelo custo menos redução ao valor recuperável [CPC PME, 11.41].

Para todos os ativos financeiros avaliados pelo valor justo, a entidade deve divulgar a base de determinação do valor justo, por exemplo, preço de mercado cotado em mercado ativo ou a técnica de avaliação. Quando uma técnica de avaliação é usada, a entidade deve divulgar as premissas aplicadas na determinação do valor justo para cada classe de ativos financeiros. Por exemplo, se aplicável, a entidade divulga informação sobre as premissas relativas a índices para pagamento antecipado, índices de perdas de crédito estimadas e taxas de juros ou taxas de desconto. Se uma mensuração confiável de valor justo não estiver mais disponível para um instrumento patrimonial avaliado pelo valor justo com ajuste no resultado, a entidade deve divulgar esse fato.

Se a entidade transfere ativos financeiros para outra parte em transação que não se qualifica para baixa, deve divulgar o seguinte para cada classe de tais ativos financeiros: (a) a natureza dos ativos; (b) a natureza dos riscos e benefícios de propriedade aos quais a entidade permanece exposta e (c) os valores contábeis dos ativos e de quaisquer passivos associados que a entidade continue a reconhecer.

Quando a entidade penhora ativos financeiros como garantia para passivos ou passivos contingentes, deve divulgar o seguinte: (a) o valor contábil dos ativos financeiros penhorados como garantia; e (b) os termos e condições relativos a esse penhor.

A entidade deve divulgar os seguintes itens de receita, despesa, ganhos ou perdas: (a) receita, despesa, ganhos ou perdas, incluindo mudanças no valor justo, reconhecidos nos seus ativos financeiros avaliados por meio de resultado e custo amortizado; (b) receita total de juros e despesa total de juros (calculadas usando o método de juros efetivos) para ativos financeiros que não são avaliados pelo valor justo; e (c) o valor de qualquer perda por redução no valor recuperável para cada classe de ativo financeiro.

## Julgamentos e estimativas significativas na contabilização de ativos financeiros básicos

As transações com ativos financeiros básicos envolvem diversos julgamentos e estimativas significativas por parte dos elaboradores e auditores das demonstrações contábeis de propósito geral. Vejamos algumas decisões que impactam julgamentos e estimativas.

- Decidir sobre a adequada classificação no balanço patrimonial, entre ativo circulante e ativo não circulante.

- Decidir se determinada aplicação financeira atende à definição de caixa e equivalentes de caixa para os fins da demonstração dos fluxos de caixa.
- Decidir se investimentos em ações ou cotas do capital social de determinada entidade asseguram à investidora o controle (individual ou em conjunto) das (ou influência significativa nas) deliberações sobre as políticas operacional e financeira da investida. Em caso afirmativo, o investimento não será contabilizado como ativo financeiro, mas como investimento em controlada, empreendimento controlado em conjunto ou investimento em coligada.
- Decidir se os ativos financeiros devem ser mensurados pelo modelo do valor justo por meio do resultado, pelo modelo do valor justo por meio de outros resultados abrangentes ou pelo método do custo:
  - se mensurados pelo modelo do valor justo, quer por meio do resultado ou de outros resultados abrangentes, torna-se necessário decidir se: (a) o uso de dados externos e observáveis foi priorizado, (b) em que nível de valor justo se está;
  - se mensurado pelo método do custo (ou custo amortizado) ou pelo modelo do valor justo por meio de outros resultados abrangentes, torna-se necessário decidir se os gastos incorridos na transação de aquisição ou obtenção do instrumento financeiros atendem à definição de custos de transação, para serem capitalizados, ou se devem ser reconhecidos como despesa na apuração do resultado;
  - se mensurado pelo método do custo (ou custo amortizado), torna-se necessário identificar os fluxos futuros de caixa futuros inerentes ao instrumento financeiro e determinar a taxa efetiva de juros;
- Estimar as perdas prováveis com os ativos financeiros não mensurados pelo modelo do valor justo mediante resultado.

Neste capítulo, estudamos a contabilização do ativo financeiro básico, com ênfase em sua definição, nos requerimentos para seu reconhecimento e baixa, e nos critérios de mensurações inicial e subsequente. Ressaltamos que o IFRS 9 entrará em vigor no Brasil a partir de 1º de janeiro de 2018; portanto, até lá as empresas que adotam o Full IFRS deverão classificar seus ativos financeiros entre disponível para venda, mantido para negociação e mantido até o vencimento, conforme previsto no CPC 39. Os ativos financeiros classificados como disponíveis para venda devem ser mensurados subsequentemente pelo modelo do valor justo por meio do resultado. Os ativos financeiros classificados como mantidos para negociação devem ser mensurados subsequentemente pelo modelo do valor justo por meio de outros resultados abrangentes. Finalmente, os ativos financeiros classificados como mantidos até o vencimento devem ser mensurados subsequentemente pelo método do custo amortizado. Não apresentamos mais detalhes sobre o CPC 39 porque sua "data de validade" está com os dias contados.

No próximo capítulo, estudaremos a contabilização dos estoques.

# 3
# Estoques

O pronunciamento internacional que regulamenta a contabilização dos estoques é o IAS 2 – Inventory, que corresponde ao CPC 16 e à NBC TG 16, e que foi emitido inicialmente em 1993 pelo International Accounting Standards Committee (Iasc), antiga denominação do Iasb. Ao longo desse período, o IAS 2 sofreu pequenas alterações decorrentes da revisão de diversos outros pronunciamentos.

## Conceitos gerais

No glossário do IFRS, especificamente no IAS 2, estoque é assim definido:

> Estoques são ativos: (a) mantidos para venda no curso normal dos negócios; (b) em processo de produção para venda; ou (c) na forma de materiais ou suprimentos a serem consumidos ou transformados no processo de produção ou na prestação de serviços [IAS 2.6].

Para fins gerenciais, o estoque costuma ser classificado em: estoque de produtos acabados, estoque de mercadorias, estoque de produtos em processo, estoque de matérias-primas, estoque de material de consumo.

Essa classificação também é útil aos usuários das demonstrações contábeis de propósito geral que, assim, conseguem identificar a qualidade dos estoques. Afinal, os estoques de produtos acabados e de mercadorias, potencialmente serão vendidos mais rapidamente que os estoques de produtos em processo e de matérias-primas, enquanto não se tem a expectativa de vender o estoque de material de consumo.

## Momento e critérios de reconhecimento

A entidade deve reconhecer um item de estoque como ativo quanto exercer o controle sobre ele, conhecer seu custo ou valor justo e o item satisfizer a definição de estoque.

## Mensurações inicial e subsequente

### Mensuração inicial

No ato de reconhecimento, o estoque deve ser mensurado pelo *custo*.

Segundo o IAS 2.10 e o CPC PME, o *custo* dos estoques "deve incluir todos os *custos de aquisição* e de transformação, bem como outros custos incorridos para trazer os estoques à sua condição e localização atuais" (grifo nosso); sendo o *custo de aquisição* "o preço de compra, os impostos de importação e outros tributos (exceto os recuperáveis junto ao fisco), bem como os custos de transporte, seguro, manuseio e outros diretamente atribuíveis à aquisição de produtos acabados, materiais e serviços" (IAS 2.11). Descontos comerciais e abatimentos devem ser deduzidos na determinação do custo de aquisição.

Exemplo 1 – Custo dos estoques, impostos recuperáveis e não recuperáveis

Em 31 de dezembro de 20X0, a empresa Comercial Tributada Ltda. comprou mil unidades da mercadoria X por $ 10 cada, à vista. Conforme os dados da nota fiscal de compra, nesse preço está embutido o ICMS (imposto sobre a circulação de mercadorias e serviços) incidente sobre a venda dessa mercadoria pelo fornecedor à Comercial Tributada, calculado com a alíquota de 18%. Conforme o mesmo documento fiscal, a Comercial Tributada pagou ao fornecedor mais $ 100 a título de IPI (imposto sobre produtos industrializados). Observe que o valor do IPI não estava computado no preço de $ 10 por unidade e também foi pago à vista.

Sabe-se que a Comercial Tributada também é contribuinte do ICMS, de modo que, sobre a venda para o consumidor final, terá de calcular o ICMS devido também pela alíquota de 18%; portanto, recuperará contra o governo estadual o ICMS pago na aquisição. Ocorre que a Comercial Tributada não é contribuinte do IPI, portanto, não recuperará contra o governo federal os $ 100 de IPI pagos na aquisição.

SOLUÇÃO

Independentemente da norma contábil adotada pela entidade (IAS 2 ou CPC PME), os impostos incidentes sobre a compra integram o custo de aquisição, desde que não sejam recuperáveis. Neste exemplo, o IPI não é recuperável; logo, integra o custo de aquisição. O ICMS, por outro lado, é recuperável; logo, não integra o custo de aquisição dos estoques.

Portanto, em 31 de dezembro de 20X0, a Comercial Tributada deveria fazer o seguinte lançamento contábil:

| | | |
|---|---|---|
| D | Estoque, ativo | 8.300[b] |
| D | ICMS a recuperar | 1.800[a] |
| C | Caixa e equivalentes de caixa, ativo financeiro básico | 10.100[c] |

Histórico: 31 de dezembro de 20X0, compra de mil unidades de mercadorias X, à vista.

[a] $ 10.000 × 18%

[b] $ 10.000 − $ 1.800 + $ 100

[c] $ 10.000 + $ 100

### Exemplo 2 – Custo dos estoques, compra financiada

Em 31 de dezembro de 20X0, a empresa Comercial Perder de Vista Ltda. comprou mil unidades da mercadoria A por $ 10 cada. Os termos da compra foram considerados pela administração da Comercial Perder de Vista como atípicos; afinal, a compra foi negociada para pagamento daqui a dois anos (isto é, em 31 de dezembro de 20X2), sem juros. Nessa aquisição a Comercial Perder de Vista incorreu no gasto com frete, no valor de $ 100, e não incorreu em qualquer tributo.

Nessa data, a administração da Comercial Perder de Vista identifica que poderia ter comprado mercadorias A, com a mesma qualidade, por $ 9 cada, à vista.

SOLUÇÃO

Independentemente da norma contábil adotada pela entidade (IFRS 9 e IAS 2 ou CPC PME), a obrigação assumida com o fornecedor (isto é, fornecedores a pagar, passivo financeiro) é classificada como mensurada pelo custo amortizado (veja o capítulo 1), e o estoque, por sua vez, deve ser inicialmente mensurado pelo custo que a entidade pagaria numa transação à vista. Portanto, em 31 de dezembro de 20X0, a Comercial Perder de Vista precisa expurgar do preço negociado ($ 10.000, isto é, 1.000 unidades × $ 10 cada) os juros embutidos, mesmo sabendo que o fornecedor havia afirmado que não cobraria juros. Afinal, não é razoável a administração da Comercial Perder de Vista acreditar que o fornecedor lhe concederia dois anos para pagar sem lhe cobrar juros. Portanto, a diferença entre o preço negociado ($ 10 mil) a ser pago daqui a dois anos e o preço que a entidade pagaria imediatamente se tivesse comprado à vista ($ 9 mil) é o valor dos juros embutidos na negociação.

Sabe-se que, periodicamente, a entidade deverá reconhecer a despesa financeira, isto é, precisa apropriar os juros ao resultado do período (pelo regime de competência), com base no método da taxa efetiva de juros.

Adicionalmente, o frete incorrido na aquisição, para trazer as mercadorias do estabelecimento do fornecedor ao estabelecimento da entidade também correspondem a custos de aquisição.

Portanto, em 31 de dezembro de 20X0, a Comercial Perder de Vista deveria fazer o seguinte lançamento contábil:

| | | |
|---|---|---|
| D | Estoque, ativo | 9.100 |
| D | Juros a transcorrer, passivo financeiro básico (conta redutora) | 1.000 |
| C | Fornecedores a pagar, passivo financeiro básico | 10.000 |
| C | Caixa e equivalentes de caixa, ativo financeiro básico | 100 |
| Histórico: 31 de dezembro de 20X0, compra de mil unidades de mercadorias A para pagamento em 31 dezembro 20X2. | | |

Para apropriar os juros ao resultado do período, em 31 de dezembro de 20X1 e 31 de dezembro de 20X2, precisaria identificar a taxa efetiva de juros, que é 5,40926% ao ano, de modo que as despesas financeiras de 20X1 seria $ 486,83 e a despesa financeira de 20X2 seria $ 513,17, conforme demonstrado na tabela 1.

**Tabela 1**

Cálculo da taxa efetiva de juros e dos encargos financeiros anuais

| Data | Evento | Fluxo de caixa | Saldos iniciais | Encargos financeiros | Pagamentos | Saldos finais |
|---|---|---|---|---|---|---|
| 31/12/20X0 | Compra a prazo | 9.000 | | | | |
| 31/12/20X1 | Um ano após a compra | 0 | 9.000,00 | 486,83 | 0,00 | 9.486,83 |
| 31/12/20X2 | Dois anos após a compra, pagamento | −10.000 | 9.486,83 | 513,17 | −10.000,00 | 0,00 |
| | Taxa efetiva de juros | 5,40926% | Totais | 1.000,00 | −10.000,00 | |

| D | Despesas financeiras | 486,83 |
|---|---|---|
| C | Juros a transcorrer, passivo financeiro básico (conta redutora) | 486,83 |
| Histórico: Reconhecimento das despesas financeiras transcorridas no ano 20X1, como exemplo. | | |

O item 12 do IAS 2 explica o significado do termo *custo de transformação* e quais são os gastos que o compõem.

12. Os custos de transformação de estoques incluem os custos diretamente relacionados com as unidades produzidas ou com as linhas de produção, como pode ser o caso da mão de obra direta. Também incluem a alocação sistemática de custos indiretos de produção, fixos e variáveis, que sejam incorridos para transformar os materiais em produtos acabados. Os custos indiretos de produção fixos são aqueles que permanecem relativamente constantes independentemente do volume de produção, tais como a depreciação e a manutenção de edifícios e instalações fabris, máquinas e equipamentos e os custos de administração da fábrica. Os custos indiretos de produção variáveis são aqueles que variam diretamente, ou quase diretamente, com o volume de produção, tais como materiais indiretos e certos tipos de mão de obra indireta.

O item 13 do IAS 2 explica como devemos alocar os custos fixos indiretos às unidades produzidas.

13. A alocação de custos fixos indiretos de fabricação às unidades produzidas deve ser baseada na capacidade normal de produção. A capacidade normal é a produção média que se espera atingir ao longo de vários períodos em circunstâncias normais; com isso, leva-se em consideração, para a determinação dessa capacidade normal, a parcela da capacidade total não utilizada por causa de manutenção preventiva, de férias coletivas e de outros eventos semelhantes

> considerados normais para a entidade. O nível real de produção pode ser usado se aproximar-se da capacidade normal. Como consequência, o valor do custo fixo alocado a cada unidade produzida não pode ser aumentado por causa de um baixo volume de produção ou ociosidade. Os custos fixos não alocados aos produtos devem ser reconhecidos diretamente como despesa no período em que são incorridos. Em períodos de anormal alto volume de produção, o montante de custo fixo alocado a cada unidade produzida deve ser diminuído, de maneira que os estoques não sejam mensurados acima do custo. Os custos variáveis indiretos de produção devem ser alocados a cada unidade produzida com base no uso real dos insumos variáveis de produção, ou seja, na capacidade real utilizada.

O item 14 do IAS 2 explica como devemos proceder quando de um único processo produtivo se originarem coprodutos ou um produto principal e subprodutos.

> 14. Um processo de produção pode resultar em mais de um produto fabricado simultaneamente. Este é, por exemplo, o caso quando se fabricam produtos em conjunto ou quando há um produto principal e um ou mais subprodutos. Quando os custos de transformação de cada produto não são separadamente identificáveis, eles devem ser atribuídos aos produtos em base racional e consistente. Essa alocação pode ser baseada, por exemplo, no valor relativo da receita de venda de cada produto, seja na fase do processo de produção em que os produtos se tornam separadamente identificáveis, seja no final da produção, conforme o caso. A maior parte dos subprodutos, em razão de sua natureza, geralmente é imaterial. Quando for esse o caso, eles são muitas vezes mensurados pelo valor realizável líquido e este valor é deduzido do custo do produto principal. Como resultado, o valor contábil do produto principal não deve ser materialmente diferente do seu custo.

Exemplo 3 – Custo dos estoques fabricados, produção menor que capacidade normal

A empresa Industrial Absorção Ltda. fabrica e vende o produto K. No mês de dezembro de 20X1, a Industrial Absorção iniciou a produção de um lote de 10 mil unidades do produto K. Não havia qualquer unidade em produção no início do mês. Cada unidade de K consome dois quilos da matéria-prima A, cujo quilo foi comprado a $ 5. Durante o mês, a entidade consumiu 8 mil horas/homem remuneradas à taxa $ 1,50/hora na produção de K. Os demais custos de transformação são fixos e somam $ 30 mil por mês. A capacidade normal de produção é de 15 mil unidades de K por mês. Sabe-se que toda a produção iniciada em dezembro de 20X1 foi concluída, e os produtos transferidos para o setor de expedição.

SOLUÇÃO

Em dezembro de 20X1, a Industrial Absorção incorreu nos seguintes custos de produção:

- matérias-primas: $ 100 mil (isto é, 10.000 unidades de K × 2 quilos/unidade × $ 5/quilo);
- mão de obra direta: $ 12 mil (isto é, 8.000 horas/homem × $ 1,50/hora);
- custos fixos de produção: $ 20 mil (isto é, $ 30.000/mês ÷ 15.000 unidades de K – isto é, capacidade normal de produção – × 10.000 unidades de K efetivamente produzidas).

Dessa forma, o custo de produção das 10 mil unidades de K efetivamente produzidas em dezembro de 20X1 totalizou $ 132 mil, perfazendo um custo médio de $ 13,20/unidade. Desse modo, a entidade incorreu numa perda decorrente de ociosidade no montante de $ 10 mil em dezembro, que corresponde à alocação dos custos fixos de produção às 5 mil unidades não produzidas (subutilização da capacidade instalada). Esse montante não faz parte do custo do estoque; portanto, deve ser reconhecido no resultado do período.

Considerando que a Industrial Absorção consumiu matérias-primas que estavam armazenadas em seu almoxarifado, e que a entidade pagou (à vista) o salário da mão de obra direta e todos os custos fixos, a entidade poderia ter efetuado o seguinte lançamento contábil:

| | | |
|---|---|---|
| D | Despesa, resultado | 10.000 |
| D | Estoque de produtos acabados, ativo | 132.000 |
| C | Estoque de matérias-primas, ativo | 100.000 |
| C | Caixa, ativo | 42.000 |
| Histórico: Dezembro de 20X1, produção de 10 mil unidades de K, ao custo médio de $ 13,20/unidade. | | |

## Exemplo 4 – Custo dos estoque fabricados, produção maior que capacidade normal

As circunstâncias são as mesmas do exemplo 3. Entretanto, neste exemplo, a empresa Industrial Absorção iniciou a produção de um lote de 18 mil unidades do produto K. Durante o mês, a entidade consumiu 14.400 horas/homem remuneradas à taxa $ 1,50/hora na produção de K. Os demais custos de transformação são fixos e somam $ 30 mil por mês. A capacidade normal de produção é de 15 mil unidades de K por mês. Sabe-se que toda a produção iniciada em dezembro de 20X1 foi concluída, e os produtos transferidos para o setor de expedição.

SOLUÇÃO

Em dezembro de 20X1, a Industrial Absorção incorreu nos seguintes custos de produção:

- matérias-primas: $ 180 mil (isto é, 18.000 unidades de K × 2 quilos/unidade × $ 5/quilo);
- mão de obra direta: $ 21.600 (isto é, 14.400 horas/homem × $ 1,50/hora);
- custos fixos de produção: $ 30 mil (note que a produção real foi maior ou igual à capacidade normal).

Dessa forma, o custo de produção das 18 mil unidades de K efetivamente produzidas em dezembro de 20X1 totalizou $ 231.600, perfazendo um custo médio de $ 12,87/unidade.

Considerando que a Industrial Absorção consumiu matérias-primas que estavam armazenadas em seu almoxarifado, e que a entidade pagou (à vista) o salário da mão de obra direta e todos os custos fixos, a entidade poderia ter efetuado o seguinte lançamento contábil:

| | | |
|---|---|---|
| D | Estoque de produtos acabados, ativo | 231.600 |
| C | Estoque de matérias-primas, ativo | 180.000 |
| C | Caixa, ativo | 51.600 |
| Histórico: Dezembro de 20X1, produção de 18 mil unidades de K, ao custo médio de $ 12,87/unidade. | | |

## Exemplo 5 – Custo dos estoques fabricados, produção conjunta e subproduto

A empresa Industrial Unidos Venceremos Ltda. fabrica e vende os produtos A, B e C. Os três produtos derivam de um mesmo processo fabril; a rigor, são produzidos em conjunto. Enquanto os produtos A e B têm alto valor de mercado e são considerados pela administração da Unidos Venceremos como produtos principais, o produto C tem baixo valor de mercado e contribui de forma residual para o resultado da entidade, de modo que a administração o considera um subproduto. Os preços de venda são $ 100/unidade, $ 90/unidade e $ 5/litro, respectivamente para os produtos A, B e C. Os custos para vender os produtos A e B correspondem a 10% do preço de venda; já os custos para vender o produto C correspondem a 25% do preço de venda.

No mês de dezembro de 20X1, a Industrial Unidos Venceremos iniciou a produção de um lote de produtos. Para tanto, consumiu 500 litros da matéria-prima Z, que é comum aos três produtos, adquiridos por $ 100/litro, e incorreu em custos de transformação que totalizaram $ 40 mil nesse mês, também custos comuns aos três produtos. Em determinado ponto do processo de transformação, em função das reações químicas sofridas pela matéria-prima Z, os três produtos começam a se tornar separadamente identificáveis, de modo que as produções passam a ser mensuradas como segue: produto A, 800 unidades; produto B, mil unidades; e produto C, 400 litros. A partir desse ponto, a entidade incorreu em custos de transformação adicionais para concluir a produção de A e B, respectivamente, $ 10 mil e $ 12 mil.

Sabe-se que: (a) toda a produção iniciada em dezembro de 20X1 foi concluída; (b) os produtos foram transferidos para o setor de expedição; (c) não havia qualquer unidade em produção no início do mês; (d) a capacidade normal de produção equivale à transformação de 500 litros de matéria-prima Z em 800 unidades de produto A, mil unidades de produto B e 400 litros de produto C; e (e) a administração da Unidos Venceremos determinou que a alocação dos custos da produção conjunta deve ser feita com base no valor relativo da receita de venda dos produtos A e B.

SOLUÇÃO

Em dezembro de 20X1, a Industrial Unidos Venceremos incorreu nos seguintes custos relativos à produção conjunta:

- matérias-primas: $ 50 mil (isto é, 500 litros de matéria-prima Z × $ 100/litro);
- custos de transformação: $ 40 mil (note que a produção real foi maior ou igual à capacidade normal de produção)

Dessa forma, o custo da produção conjunta foi $ 90.000.

Sabe-se que o produto C é considerado pela administração da entidade um subproduto, cujo valor realizável líquido é $ 3,75/litro (isto é, $ 5/litro de preço de venda menos 25% de custos para vender). Como foram produzidos 400 litros do produto C, seu valor realizável líquido totaliza $ 1.500. Portanto, esse montante é atribuído ao estoque de produtos C e abatido do custo da produção conjunta dos produtos A e B, que passa a ser de $ 88.500.

Considerando que a administração da Unidos Venceremos determinou que a alocação dos custos da produção conjunta deve ser feita com base no valor relativo da receita de venda dos produtos A e B, e considerando que a receita total estimada desses dois produtos é $ 170 mil (isto é, 800 unidades de A × $ 100/unidade + 1.000 unidades de B × $ 90/unidade), ao produto A são alocados 47,0588% dos custos conjuntos, ou seja, $ 41.647,06, e ao produto B são alocados 52,9412% dos custos conjuntos, ou seja, $ 46.852,94.

Portanto, na produção das 800 unidades do produto A, a entidade incorreu em custos totais de $ 51.647,06 (isto é, $ 41.647,06 de custos conjuntos + $ 10.000 de custos adicionais específicos ao produto A), perfazendo um custo médio de $ 64,56/unidade; e na produção das mil unidades do produto B, a entidade incorreu em custos totais de $ 58.852,94 (isto é, $ 46.852,94 de custos conjuntos + $ 12.000 de custos adicionais específicos ao produto B), perfazendo um custo médio de $ 58,85/unidade.

Considerando que a Industrial Unidos Venceremos consumiu matérias-primas que estavam armazenadas em seu almoxarifado, e que a entidade pagou (à vista) todos os custos de transformação (da produção conjunta e da produção específica de A e B), a entidade poderia ter efetuado o seguinte lançamento contábil:

| | | |
|---|---|---|
| D | Estoque de produtos acabados – coproduto A, ativo | 51.647,06 |
| D | Estoque de produtos acabados – coproduto B, ativo | 58.852,94 |
| D | Estoque de produtos acabados – subproduto C, ativo | 1.500,00 |
| C | Estoque de matérias-primas, ativo | 50.000,00 |
| C | Caixa, ativo | 62.000,00 |
| Histórico: Dezembro de 20X1, produção de 800 unidades de A, 1 mil unidades de B e 400 litros de C, ao custo médio de $ 64,56/unidade, $ 58,85/unidade e $ 3,75/litro, respectivamente. | | |

## Mensuração subsequente

O estoque deve ficar mensurado pelo valor de custo menos a perda por irrecuperabilidade.

Pelo menos uma vez por ano (preferencialmente, na data do balanço) a entidade deve testar a recuperabilidade de seus estoques. Se o valor recuperável for menor que o valor contábil, a entidade precisa reconhecer a redução do valor contábil ao recuperável, sendo a perda reconhecida no resultado do período.

O valor recuperável dos estoques é o valor líquido de venda, isto é, o preço de venda menos os custos para completar e vender.

Normalmente, os custos para vender itens de estoques correspondem à comissão de vendedores, impostos sobre vendas e frete.

Já os custos para completar aplicam-se aos estoques de produtos em processo e de matérias-primas, isto é, os custos para terminar (completar) a produção dos itens semiacabados (produtos em processo) ou de matérias-primas.

### Exemplo 6 – Perda por irrecuperabilidade do estoque de mercadorias, não reconhecimento

Em 31 de dezembro de 20X0, a empresa Comercial Arrependida Ltda. comprou mil unidades da mercadoria X por $ 10 cada, à vista (para os fins deste exemplo, ignore quaisquer gastos relativos à compra e quaisquer impostos recuperáveis, de modo que o custo de aquisição é $ 10 por unidade). Nessa ocasião, a administração da Comercial Arrependida esperava vender cada unidade a $ 20, e havia a expectativa de pagar comissão aos vendedores de 10% sobre o preço de venda. Em 31 de dezembro de 20X1, quando havia somente 100 unidades da mercadoria X em estoque, a administração da Comercial Arrependida identificou a obsolescência e consequente redução significativa no preço da mercadoria X, que passou a ser $ 13 por unidade.

SOLUÇÃO

Em 31 de dezembro de 20X1, o preço de venda menos os custos para vender a mercadoria X era $ 11,70 por unidade, isto é, $ 1 3 (preço de venda) menos $ 1,30 (custo para vender). Consequentemente, o valor recuperável era maior que o valor contábil ($ 10); logo a entidade não precisou reconhecer perda por irrecuperabilidade.

### Exemplo 7 – Perda por irrecuperabilidade do estoque de mercadorias, reconhecimento

**As circunstâncias são as mesmas do exemplo 6. Entretanto, neste exemplo, em 31 de dezembro de 20X1, o novo preço passou a ser $ 10,50 por unidade.**

SOLUÇÃO

Em 31 de dezembro de 20X1, o preço de venda menos os custos para vender a mercadoria X era $ 9,45 por unidade, isto é, $ 10,50 (preço de venda) menos $ 1,05 (custo para vender). Consequentemente, o valor recuperável era menor que o valor contábil ($ 10); logo a entidade precisou reconhecer perda por irrecuperabilidade no montante de $ 55, ou seja, 100 unidades × ($ 9,45 – $ 10). Portanto, a Comercial Arrependida poderia ter efetuado o seguinte lançamento contábil:

| | | |
|---|---|---|
| D | Despesa, resultado | 55 |
| C | Perda por redução ao valor recuperável, estoque (conta redutora) | 55 |
| Histórico: 31 de dezembro de 20X1, perda por redução ao valor recuperável de estoques adquiridos por $ 10 por unidade, cujo novo preço de venda menos custo para vender é $ 9,45 por unidade. | | |

Observe que a perda por redução ao valor recuperável precisa ser reconhecida no resultado do exercício, o que no lançamento contábil apresentado é representado pelo débito em "Despesa, resultado". As normas contábeis não especificam em qual conta de resultado essa perda precisa ser apresentada. Na prática, diversas empresas somam o valor da perda por irrecuperabilidade dos estoques ao valor do custo das mercadorias vendidas.

### Exemplo 8 – Perda por irrecuperabilidade do estoque de produtos em processo

A empresa Industrial Mãos à Obra Ltda. fabrica e vende o produto Z, cujo preço de venda é $ 20 por unidade. Na transação de venda, a entidade costuma incorrer em comissão aos vendedores à taxa de 10% sobre o preço de venda. Em 31 de dezembro de 20X1, havia mil unidades do produto Z em processo e tais unidades estavam semielaboradas nessa data. Segundo os registros contábeis, o custo desse estoque, no atual estágio de produção, era $ 16 por unidade. De acordo com a estimativa da administração da Industrial Mãos à Obra, os custos para terminar a produção desse lote de produtos Z somavam $ 3.500.

SOLUÇÃO

Em 31 de dezembro de 20X1, o preço de venda menos os custos para completar e vender as mil unidades do produto Z era $ 14.500, isto é, $ 20 mil (preço de venda) menos $ 3.500 (custos para completar) menos $ 2 mil (custo para vender), ou seja, $ 14,50 por unidade. Consequentemente o valor recuperável era menor que o valor contábil em $ 1.500; logo a entidade precisou reconhecer perda por irrecuperabilidade. Portanto, a Industrial Mãos à Obra poderia ter efetuado o seguinte lançamento contábil:

| | | |
|---|---|---|
| D | Despesa, resultado | 1.500 |
| C | Perda por redução ao valor recuperável, estoque (conta redutora) | 1.500 |
| Histórico: 31 de dezembro de 20X1, perda por redução ao valor recuperável de estoques de produtos em processo do produto Z. | | |

O mesmo critério (isto é, preço de venda menos custos para completar e vender) também se aplica ao estoque de matérias-primas. Entretanto, segundo o item 32 do IAS 2, quando não for confiável a determinação do preço de venda menos custos para completar e vender para itens de matéria-prima, pode-se utilizar o valor de reposição como estimativa do valor recuperável.

### Exemplo 9 – Impairment do estoque de matérias-primas

A empresa Industrial Depósito Cheio Ltda. fabrica e vende o produto Y, cujo preço de venda é $ 20 por unidade e o custo padrão de transformação é de aproximadamente $ 11 por unidade. Na transação de venda, a entidade costuma incorrer em comissão aos vendedores à taxa de 10% sobre o preço de venda. Em 31 de dezembro de 20X1, havia mil quilos da matéria-prima K em estoque, avaliados ao custo de $ 3 mil. Sabe-se que cada unidade do produto Y consome dois quilos da matéria-prima K. Nessa data, conforme uma oferta especial de seu fornecedor, a Industrial Depósito Cheio poderia comprar mil quilos da matéria-prima K por $ 2.400, à vista.

SOLUÇÃO

Em 31 de dezembro de 20X1, o preço de venda menos os custos para completar e vender os mil quilos da matéria-prima K era $ 3.500 (isto é, mil quilos da matéria-prima K são suficientes para produzir 500 unidades do produto Y, que seriam vendidas por $ 10 mil, menos custos para completar de $ 5.500 menos custo para vender de $ 1 mil). Consequentemente, o valor recuperável era maior que o valor contábil (isto é, $ 3 mil), logo a entidade não precisou reconhecer perda por irrecuperabilidade.

Observe que, neste caso, a informação sobre o custo de reposição é irrelevante; afinal, a entidade consegue estimar de modo confiável o preço de venda menos os custos para completar e vender seu estoque de matérias-primas.

### Exemplo 10 – Perda por irrecuperabilidade do estoque de matérias-primas, aproximação

As circunstâncias são as mesmas do exemplo 9. Entretanto, neste exemplo, a administração da Industrial Depósito Cheio Ltda. não consegue estimar de forma confiável o valor realizável líquido.

SOLUÇÃO

Neste caso, a entidade precisaria estimar, em 31 de dezembro de 20X1, o valor recuperável do estoque de matéria-prima K a partir de seu custo de reposição, isto é, o preço que pagaria no mercado para adquirir a mesma quantidade dessa matéria-prima, no mesmo padrão de qualidade, nessa data, ou seja, $ 2.400. Consequentemente o valor recuperável era menor que o valor contábil em $ 600; logo a entidade precisaria reconhecer perda por irrecuperabilidade. Portanto, a Industrial Depósito Cheio poderia ter efetuado o seguinte lançamento contábil:

| | | |
|---|---|---|
| D | Despesa, resultado | 600 |
| C | Perda por redução ao valor recuperável, estoque (conta redutora) | 600 |
| Histórico: 31 de dezembro de 20X1, perda por redução ao valor recuperável de estoques de matérias-primas K. | | |

Segundo o item 33 do IAS 2 (item 27.4 do CPC PME), a entidade deve reverter a perda por irrecuperabilidade reconhecida em períodos anteriores se identificar que a razão que deu origem ao reconhecimento da perda não mais existe. O montante de reversão deve ser limitado ao valor da perda acumulada reconhecida para o item.

Exemplo 11 – Perda por irrecuperabilidade do estoque de mercadorias, reversão

As circunstâncias são as mesmas do exemplo 7. Entretanto, neste exemplo, em 31 de janeiro de 20X2, quando a Comercial Arrependida ainda tinha 80 unidades da mercadoria X em estoque, sua administração identificou que o preço adequado para essa mercadoria era $ 10,80 por unidade, e remarcou seu preço de venda.

Sabe-se que, durante o mês de janeiro de 20X2, ao reconhecer a baixa das 20 unidades vendidas, a entidade também baixou a perda por irrecuperabilidade acumulada proporcionalmente às unidades baixadas. Portanto, o saldo remanescente do estoque de mercadorias

X, composto por 80 unidades, era $ 756 (isto é, $ 800 menos $ 44). Observe que o custo das mercadorias vendidas foi avaliado em $ 189, isto é, 20 unidades × ($ 10 – $ 0,55), e o respectivo lançamento contábil pode ter sido: débito de despesa (custo das mercadorias vendidas, no resultado) por $ 189; crédito de estoque por $ 200; débito de perda por irrecuperabilidade por $ 11.

SOLUÇÃO

Dessa forma, em 31 de janeiro de 20X2, o valor recuperável das 80 unidades remanescentes da mercadoria X era $ 777,60, isto é, 80 unidades × $ 10,80 (preço de venda), menos $ 1,08 (custo para vender). Consequentemente, o valor recuperável era maior que o valor contábil ($ 756), logo a entidade precisou reconhecer a reversão de parte da perda por irrecuperabilidade acumulada, no montante de $ 21,60. Portanto, a Comercial Arrependida poderia ter efetuado o seguinte lançamento contábil:

| | | |
|---|---|---|
| D | Perda por redução ao valor recuperável, estoque (conta redutora) | 21,60 |
| C | Despesa, resultado | 21,60 |
| Histórico: 31 de dezembro de 20X1, reversão parcial da perda acumulada por redução ao valor recuperável de estoques adquiridos por $ 10 por unidade, cujo novo preço de venda menos custo para vender é $ 9,72 por unidade. | | |

Observe que esse lançamento só é possível porque o montante de perda revertida é menor que o montante da perda acumulada anteriormente a esse ajuste.

## Momento e critérios de baixa

Segundo os itens 23 a 27, 34 e 35 do IAS 2 (itens 13.17, 13.18, 13.20 e 13.21 do CPC PME), a entidade deve baixar seus estoques pela venda, quando a respectiva receita é reconhecida, ou pela transferência para outras contas de ativo, como estoques utilizados como componentes de ativo imobilizado de construção própria. A seguir são apresentados os diversos critérios de determinação do valor de baixa dos estoques:

### Fórmula de custo: identificação específica

O valor da baixa "dos estoques de itens que não são normalmente intercambiáveis e de bens ou serviços produzidos e segregados para projetos específicos deve ser atribuído pelo uso da identificação específica dos seus custos individuais" (IAS 2.23; CPC PME 13.17).

#### Exemplo 12 – Baixa por venda, identificação específica

A empresa Industrial Baixada Ltda. fabrica e vende o produto W, cujo preço de venda é $ 20 por unidade. Na primeira semana de dezembro de 20X1, a entidade produziu um lote de 100 unidades do produto W pelo custo médio de $ 11 por unidade e não vendeu qualquer unidade; na segunda semana de dezembro de 20X1, a entidade produziu um lote de 90 unidades do produto W pelo custo médio de $ 13 por unidade e não vendeu qualquer unidade; na terceira semana de dezembro de 20X1, a entidade produziu um lote de 120 unidades do produto W pelo custo médio de $ 10 por unidade e não vendeu qualquer unidade; na quarta semana de dezembro de 20X1, a entidade produziu um lote de 80 unidades do produto W pelo custo médio de $ 15 por unidade, e vendeu 350 unidades do produto W à vista; finalmente, na quinta semana de dezembro de 20X1, a entidade produziu um lote de 30 unidades do produto W pelo custo médio de $ 14 por unidade e não vendeu qualquer unidade. O sistema de controle da produção é integrado ao sistema de controle de estoques e ambos são integrados ao sistema contábil, de modo que, ao produzir e vender cada unidade, o sistema reconhece e identifica a que lote a unidade pertence. Sabe-se que as 350 unidades vendidas na quarta semana de dezembro de 20X1 eram compostas por 95 unidades do lote produzido na primeira semana, 90 unidades do lote da segunda semana, 115 unidades do lote da terceira semana e 50 unidades do lote produzido na quarta semana.

SOLUÇÃO

Na quarta semana de dezembro de 20X1, ao reconhecer a receita de venda e a baixa dos produtos vendidos, a entidade poderia ter feito os seguintes lançamentos contábeis:

| | | |
|---|---|---|
| D | Caixa e equivalentes de caixa, ativo | 7.000 |
| C | Receita de vendas, resultado | 7.000 |
| Histórico: Quarta semana de dezembro de 20X1, receita de venda, 350 unidades do produto W, por $ 20/unidade, à vista. | | |
| D | Despesa (custo dos produtos vendidos), resultado | 4.115 |
| C | Estoque de produtos acabados, ativo | 4.115 |
| Histórico: Quarta semana de dezembro de 20X1, baixa por venda, 350 unidades do produto W, mensurada pelo custo especificamente identificado, sendo: 95 unidades produzidas ao custo médio de $ 11/unidade, 90 unidades produzidas ao custo médio de $ 13/unidade, 115 unidades produzidas ao custo médio de $ 10/unidade e 50 unidades produzidas ao custo médio de $ 15/unidade. | | |

Portanto, neste exemplo, em 31 de dezembro de 20X1, o estoque final, composto por 70 unidades do produto W, está avaliado em $ 975, isto é, cinco unidades produzidas ao custo médio de $ 11/unidade, zero unidade produzida ao custo médio de $ 13/unidade, cinco unidades produzidas ao custo médio de $ 10/unidade, 30 unidades produzidas ao custo médio de $ 15/unidade, e 30 unidades produzidas ao custo médio de $ 14/unidade.

Segundo o IAS 2.24, porém,

quando há grandes quantidades de itens de estoque que sejam geralmente intercambiáveis, a identificação específica de custos não é apropriada. Em tais circunstâncias, um critério de valoração dos itens que permanecem nos estoques deve ser usado.

Portanto, a entidade deve usar o método

> o primeiro a entrar, o primeiro a sair (PEPS ou FIFO), ou o método do custo médio ponderado. A entidade utiliza o mesmo método de avaliação do custo para todos os estoques que tenham natureza e uso similar para a entidade. Para estoques com natureza ou uso diferente, métodos de custo diferentes podem ser justificados [CPC PME 13.18].

A escolha entre PEPS e custo médio não é uma *livre escolha*, mas a administração da entidade deve julgar qual desses critérios resulta em informação que seja mais relevante aos usuários e que de modo mais confiável reflita a substância econômica das transações (veja o IAS 8.10 – Accounting Policies, Changes in Accounting Estimates and Errors, que corresponde ao CPC 23 e à NBC TG 23, ou veja o CPC PME 10.4).

### Fórmula de custo: PEPS

Segundo o item 27 do IAS 2,

> o critério PEPS (Primeiro a Entrar, Primeiro a Sair) pressupõe que os itens de estoque que foram comprados ou produzidos primeiro sejam vendidos em primeiro lugar e, consequentemente, os itens que permanecerem em estoque no fim do período sejam os mais recentemente comprados ou produzidos.

#### Exemplo 13 – Baixa por venda, PEPS

As circunstâncias são as mesmas apresentadas no exemplo 12. Entretanto, neste exemplo, os sistemas de controle da produção, controle de estoques e contábil não são integrados. Sabe-se, contudo, que o produto W tem baixíssimo prazo de validade, de modo que a administração da Industrial Baixada determinou ao gerente do estoque que priorize sempre a baixa dos produtos mais antigos. Para facilitar esse controle, a entidade adota uma logística de manuseio do estoque de produtos W de forma que as unidades ficam enfileiradas, sendo que as novas unidades fabricadas entram no final da fila e as unidades vendidas são retiradas pela outra extremidade.

**SOLUÇÃO**

Nesse caso, como não é viável a utilização da identificação específica, a entidade deve adotar o PEPS ou o custo médio, o que melhor representar a forma como a entidade efetivamente gerencia seu estoque de produtos W. Sabendo que o produto W é rapidamente perecível e que, por essa razão, a entidade o gerencia pelo PEPS, ou seja, o produto fabricado primeiro é o primeiro a ser entregue ao cliente pela venda (afinal, é o primeiro que terá seu prazo de validade expirado), a entidade deve adotar esse critério para mensurar a baixa dos produtos vendidos, conforme a planilha de controle de estoques apresentada na tabela 2.

**Tabela 2**

Planilha de controle dos estoques – PEPS

| | Entrada | | | Saída | | | Estoque | | |
|---|---|---|---|---|---|---|---|---|---|
| Data | Quant. | $/unit. | $ total | Quant. | $/unit. | $ total | Quant. | $/unit. | $ total |
| EI | | | | | | | 0 | 0 | 0 |
| 1ª sem. | 100 | 11 | 1.100 | | | | 100 | 11 | 1.100 |
| 2ª sem. | 90 | 13 | 1.170 | | | | 100 | 11 | 1.100 |
| | | | | | | | 90 | 13 | 1.170 |
| | | | | | | | 190 | | 2.270 |
| 3ª sem. | 120 | 10 | 1.200 | | | | 100 | 11 | 1.100 |
| | | | | | | | 90 | 13 | 1.170 |
| | | | | | | | 120 | 10 | 1.200 |
| | | | | | | | 310 | | 3.470 |

*continua*

| | Entrada | | | Saída | | | Estoque | | |
|---|---|---|---|---|---|---|---|---|---|
| Data | Quant. | $/unit. | $ total | Quant. | $/unit. | $ total | Quant. | $/unit. | $ total |
| 4ª sem. | 80 | 15 | 1.200 | 100 | 11 | 1.100 | 100 | 11 | 1.100 |
| | | | | 90 | 13 | 1.170 | 90 | 13 | 1.170 |
| | | | | 120 | 10 | 1.200 | 120 | 10 | 1.200 |
| | | | | 40 | 15 | 600 | 80 | 15 | 1.200 |
| | | | | 350 | | 4.070 | 390 | | 4.670 |
| | | | | | | | 40 | 15 | 600 |
| 5ª sem. | 30 | 14 | 420 | | | | 40 | 15 | 600 |
| | | | | | | | 30 | 14 | 420 |
| | | | | | | | 70 | | 1.020 |

Por conseguinte, a entidade poderia ter feito o lançamento contábil a seguir para efetuar a baixa dos produtos vendidos:

| | | |
|---|---|---|
| D | Despesa (custo dos produtos vendidos), resultado | 4.070 |
| C | Estoque produtos acabados, ativo | 4.070 |
| Histórico: Quarta semana de dezembro de 20X1, baixa por venda, 350 unidades do produto W, mensuradas pelo PEPS, sendo: 100 unidades produzidas ao custo médio de $ 11/unidade, 90 unidades produzidas ao custo médio de $ 13/unidade, 120 unidades produzidas ao custo médio de $ 10/unidade e 40 unidades produzidas ao custo médio de $ 15/unidade. | | |

Portanto, neste exemplo, em 31 de dezembro de 20X1, o estoque final, composto por 70 unidades do produto W, está avaliado em $ 1.020 (isto é, 40 unidades produzidas ao custo médio de $ 15/unidade e 30 unidades produzidas ao custo médio de $ 14/unidade).

## Fórmula de custo: custo médio ponderado móvel

Segundo o item 27 do IAS 2,

pelo critério do custo médio ponderado, o custo de cada item é determinado a partir da média ponderada do custo de itens semelhantes no começo de um período e do custo dos mesmos itens comprados ou produzidos durante o período. A média pode ser determinada em base periódica ou à medida que cada lote seja recebido, dependendo das circunstâncias da entidade.

O custo médio ponderado móvel é aquele determinado à medida que cada lote é recebido.

Exemplo 14 – Baixa por venda, custo médio ponderado móvel
As circunstâncias são as mesmas apresentadas no exemplo 13. No entanto, neste exemplo, o produto W tem prazo de validade razoavelmente longo, de modo que a administração da Industrial Baixada não investiu num sistema de logística complexo para o manuseio dos produtos W. A rigor, as novas unidades produzidas são depositadas num cesto, onde ficam misturadas com as unidades antigas, e as unidades vendidas são retiradas aleatoriamente desse cesto. Considerando, entretanto, que os estoques correspondem a um elemento relevante da composição dos ativos da Industrial Baixada, sua administração determinou que os estoques devem ser controlados permanentemente, de modo que cada movimentação dos estoques é imediatamente reconhecida pelo sistema contábil.

SOLUÇÃO

Neste caso, como também não é viável a utilização da identificação específica, a entidade deve adotar o PEPS ou o custo médio, o que melhor representar a forma como a entidade efetivamente gerencia seu estoque de produtos W. Sabendo-se que a administração da Industrial Baixada é indiferente quanto ao item vendido ser o mais antigo ou o mais recentemente produzido, mas exige que se mantenha controle permanente dos estoques, a entidade deve adotar o custo médio ponderado móvel para mensurar a baixa dos produtos vendidos, conforme a planilha de controle de estoques da tabela 3.

**Tabela 3**
Planilha de controle dos estoques,
custo médio ponderado móvel

| | Entrada | | | Saída | | | Estoque | | |
|---|---|---|---|---|---|---|---|---|---|
| Data | Quant | $/unit. | $ total | Quant. | $/unit. | $ total | Quant | $/unit. | $ total |
| EI | | | | | | | 0 | 0 | 0 |
| 1ª sem. | 100 | 11 | 1.100 | | | | 100 | 11,0000 | 1.100,00 |
| 2ª sem. | 90 | 13 | 1.170 | | | | 190 | 11,9474 | 2.270,00 |
| 3ª sem. | 120 | 10 | 1.200 | | | | 310 | 11,1935 | 3.470,00 |
| 4ª sem. | 80 | 15 | 1.200 | | | | 390 | 11,9744 | 4.670,00 |
| 4ª sem. | | | | 350 | 11,9744 | 4.191,03 | 40 | 11,9744 | 478,97 |
| 5ª sem. | 30 | 14 | 420 | | | | 70 | 12,8425 | 898,97 |

Por conseguinte, a entidade poderia ter feito o lançamento contábil a seguir para efetuar a baixa dos produtos vendidos:

| D | Despesa (custo dos produtos vendidos), resultado | 4.191,03 |
|---|---|---|
| C | Estoque produtos acabados, ativo | 4.191,03 |
| Histórico: Quarta semana de dezembro de 20X1, baixa por venda, 350 unidades do produto W, mensuradas pelo custo médio ponderado móvel de $ 11,9744/ unidade. | | |

Portanto, neste exemplo, em 31 de dezembro de 20X1, o estoque final, composto por 70 unidades do produto W está avaliado em $ 898,97 (isto é, ao custo médio ponderado móvel de $ 12,8425/unidade).

## Fórmula de custo: custo médio ponderado fixo

O custo médio ponderado fixo é aquele determinado periodicamente, conforme apresentado no IAS 2.27. Portanto, somente no final do período (por exemplo, no final do mês) a entidade reconhece a baixa das mercadorias vendidas.

Exemplo 15 – Baixa por venda, custo médio ponderado fixo

As circunstâncias são as mesmas apresentadas no exemplo 14. Entretanto, neste exemplo, os estoques não correspondem a um elemento relevante da composição dos ativos da Industrial Baixada; logo, sua administração determinou que os estoques devem ser controlados periodicamente e, portanto, as movimentações dos estoques são reconhecidas pelo sistema contábil somente no final do mês.

SOLUÇÃO

Neste caso, como também não é viável a utilização da identificação específica, a entidade deve adotar o PEPS ou o custo médio, o que melhor representar a forma como a entidade efetivamente gerencia seu estoque de produtos W. Sabendo-se que a administração da Industrial Baixada é indiferente quanto ao item vendido ser o mais antigo ou o mais recentemente produzido, e exige que se mantenha controle periódico dos estoques, a entidade deve adotar o custo médio ponderado fixo para mensurar a baixa dos produtos vendidos, conforme a planilha de controle de estoques apresentada na tabela 4.

**Tabela 4**

Planilha de controle dos estoques, custo médio ponderado fixo

| | Entrada | | | Saída | | | Estoque | | |
|---|---|---|---|---|---|---|---|---|---|
| Data | Quant. | $/unit. | $ total | Quant. | $/unit. | $ total | Quant. | $/unit. | $ total |
| EI | | | | | | | 0 | 0 | 0 |
| 1ª sem. | 100 | 11 | 1.100 | | | | 100 | 11,0000 | 1.100,00 |
| 2ª sem. | 90 | 13 | 1.170 | | | | 190 | 11,9474 | 2.270,00 |
| 3ª sem. | 120 | 10 | 1.200 | | | | 310 | 11,1935 | 3.470,00 |
| 4ª sem. | 80 | 15 | 1.200 | | | | 390 | 11,9744 | 4.670,00 |
| 5ª sem. | 30 | 14 | 420 | | | | 420 | 12,1190 | 5.090,00 |
| Baixa | | | | 350 | 12,1190 | 4.241,67 | 70 | 12,1190 | 848,33 |

Por conseguinte, a entidade poderia ter feito o seguinte lançamento contábil para efetuar a baixa dos produtos vendidos:

| | | |
|---|---|---|
| D | Despesa (custo dos produtos vendidos), resultado | 4.241,67 |
| C | Estoque produtos acabados, ativo | 4.241,67 |
| Histórico: Dezembro de 20X1, baixa por venda, 350 unidades do produto W, mensuradas pelo custo médio ponderado fixo de $ 12,119/unidade. | | |

Portanto, neste exemplo, em 31 de dezembro de 20X1, o estoque final, composto por 70 unidades do produto W, está avaliado em $ 848,33 (isto é, ao custo médio ponderado fixo de $ 12,119/unidade).

### Fórmula de custo: UEPS

Segundo os itens BC9-BC21 das Bases para Conclusão do IAS 2 (item 13.18 do CPC PME), "o método último a entrar, primeiro a sair (UEPS ou LIFO) não é permitido." Portanto, não é apresentado neste livro.

## Elaboração das demonstrações contábeis e notas explicativas

O conjunto completo de demonstrações contábeis de propósito geral é composto pelo balanço patrimonial (BP), demonstração do resultado do exercício (DRE), demonstração do resultado abrangente (DRA), demonstração dos fluxos de caixa (DFC), demonstração das mutações do patrimônio líquido (DMPL) e pelas notas explicativas (NE).

### Elaboração das demonstrações contábeis

Quanto ao balanço patrimonial, os estoques podem ser apresentados no ativo circulante ou no ativo não circulante. Embora, normalmente sejam apresentados exclusivamente no ativo circulante, nada impede que a entidade apresente seus estoques (ou parte deles) no ativo não circulante. É o caso dos estoques em maturação por mais de 12 meses.

Com relação à demonstração do resultado do exercício, todas as variações patrimoniais decorrentes de transações com estoques são apresentadas na DRE. Portanto, nenhuma das transações seria apresentada na DRA.

Quanto à demonstração dos fluxos de caixa, as transações com estoques são apresentadas como fluxo de caixa da atividade operacional; afinal, na maioria das empresas (talvez em todos as empresas mercantis e industriais), a compra e venda de mercadorias é a principal fonte de receita para a entidade.

## Notas explicativas

Quanto ao estoque, diversas são as informações mínimas a serem prestadas em notas explicativas. Tais informações são requeridas pelos itens 36-39 do IAS 2 e pelos itens 126-136 do IAS 36. Para apresentar um breve resumo das informações requeridas pelo Full IFRS, a seguir são relacionadas as informações mínimas requeridas pelo CPC PME 13.22 e 27.32. Assim, a entidade deve divulgar o seguinte:

- práticas contábeis adotadas ao avaliar estoques, incluindo o método de custo utilizado;
- o valor contábil total de estoques e o detalhe das categorias de estoques apropriadas à entidade;
- o valor de estoques reconhecidos como despesa durante o período;
- o valor contábil total de estoques dados como garantia de passivos;

- o valor das perdas por desvalorização reconhecidas no resultado durante o período e as contas da demonstração do resultado nas quais essas perdas por desvalorização foram incluídas;
- o valor das reversões de perdas por desvalorização reconhecidas no resultado durante o período e as contas da demonstração do resultado nas quais essas perdas por desvalorização foram revertidas.

## Julgamentos e estimativas significativas na contabilização de estoques

As transações com estoques envolvem diversos julgamentos e estimativas significativas por parte dos elaboradores e auditores das demonstrações contábeis de propósito geral. Entretanto, pelo fato de transações com estoques serem naturalmente corriqueiras, muitas vezes não percebemos a complexidade de alguns julgamentos, e decisões acabam sendo tomadas impulsivamente. Vejamos algumas.

- Decidir se determinado item de ativo satisfaz a definição de estoque. Por exemplo, na indústria cinematográfica, o filme produzido é um estoque da produtora?
- Decidir se (e a partir de qual momento) a entidade exerce controle sobre o estoque.
- Mensurar o custo de aquisição, especialmente: (a) em compras financiadas, circunstância na qual é necessário determinar a taxa efetiva de juros; (b) quando há alteração no regime tributário, determinar se o imposto pago na aquisição será recuperável. Isso tem acontecido recorrentemente no Brasil durante a segunda década dos anos 2000, como consequência dos pacotes de desoneração fiscal estabelecidos

pelo governo para incentivar a economia; e (c) quando há coprodutos e/ou subprodutos.

- Estimar o valor recuperável dos estoques.
- Decidir sobre e viabilidade de mensurar a baixa das mercadorias vendidas com base na identificação específica.

Quando não for viável a utilização da identificação específica, determinar o critério de mensuração da baixa das mercadorias vendidas.

Neste capítulo, analisamos a contabilização dos estoques, com ênfase em sua definição, nos requerimentos para seu reconhecimento e baixa e nos critérios de mensurações inicial e subsequente. No próximo capítulo analisaremos a contabilização do ativo imobilizado.

# 4
# Imobilizado

O pronunciamento internacional que regulamenta a contabilização do ativo imobilizado é o IAS 16 – Property, Plant and Equipment, que corresponde ao CPC 27 e à NBC TG 27, o qual foi emitido em 1993 pelo Iasc, antiga denominação do Iasb. Ao longo desse período, o IAS 16 sofreu pequenas alterações decorrentes da revisão de diversos outros pronunciamentos.

## Conceitos gerais

No glossário do IFRS, especificamente o IAS 16, ativo imobilizado é assim definido:

> Ativo imobilizado é o item tangível que: (a) é mantido para uso na produção ou fornecimento de mercadorias ou serviços, para aluguel a outros, ou para fins administrativos; e (b) se espera utilizar por mais de um período [IAS 16, item 6].

É importante observar que o item tangível precisa atender simultaneamente as duas condições (a e b) para ser classificado como ativo imobilizado.

Caso o item não atenda à condição (b), provavelmente será contabilizado imediatamente como despesa, assim que for adquirido, ou como estoque (por exemplo, material de consumo).

Exemplos de itens do imobilizado são: terreno, prédio, máquinas, equipamentos, móveis, utensílios, computadores, veículos.

## Momento e critérios de reconhecimento

Conforme o IAS 16, a entidade deve reconhecer um item como ativo imobilizado se, e somente se, o item satisfizer a definição de ativo imobilizado e a entidade tiver evidências de: exercer o controle sobre ele; o valor do seu custo ou valor justo puder ser mensurado confiavelmente e for provável que futuros benefícios econômicos associados ao item fluirão para a entidade.

## Mensurações inicial e subsequente

### Mensuração inicial

No ato de reconhecimento, o ativo imobilizado deve ser mensurado pelo custo. O IAS 16 (itens 16 a 28) e o CPC PME (itens 17.10 a 17.13) estabelecem que o custo de um item do ativo imobilizado compreende:

a) seu preço de aquisição à vista, acrescido de impostos de importação e impostos não recuperáveis sobre a compra, depois de deduzidos os descontos comerciais e abatimentos;
b) quaisquer custos diretamente atribuíveis para colocar o ativo no local e condição necessários para o mesmo ser capaz de funcionar da forma pretendida pela administração;

c) a estimativa inicial dos custos de desmontagem e remoção do item e de restauração do local (sítio) no qual este está localizado. Tais custos representam a obrigação em que a entidade incorre quando o item é adquirido ou como consequência de usá-lo durante determinado período para finalidades diferentes da produção de estoque durante esse período.

De modo geral, os elementos de custo do imobilizado são os mesmos elementos de custo de estoque, conforme analisados no capítulo anterior. Entretanto, o ativo imobilizado contém mais um elemento de custo: a estimativa inicial dos custos de desmontagem e remoção do item e de restauração do local no qual está localizado.

Exemplo 1 – Custo do imobilizado, impostos recuperáveis

Em 31 de dezembro de 20X0 a Comercial Bi-Tributada Ltda. comprou um equipamento emissor de cupom fiscal (isto é, uma máquina registradora) para registrar a venda das mercadorias aos clientes. O preço de aquisição desse equipamento totalizou $ 15 mil, à vista. Na aquisição desse equipamento, a entidade pagou imposto sobre a circulação de mercadorias e serviços (ICMS), já embutido no preço, à alíquota de 18%, e imposto sobre produtos industrializados (IPI) no valor de $ 800, pagos em adição ao preço.

Sabe-se que a Comercial Bi-Tributada é contribuinte do ICMS mediante movimentação econômica, ou seja, suas vendas aos consumidores finais são tributadas pelo ICMS à alíquota de 18%. Entretanto, a entidade não é contribuinte do IPI; afinal, nada industrializa.

SOLUÇÃO

Independentemente da norma contábil adotada pela entidade (IAS 16 ou CPC PME), o custo do imobilizado totalizaria $ 13.100, afinal, os seguintes custos atendem à definição de elementos de custo de um item do ativo imobilizado:

- preço de aquisição: $ 12.300, isto é, preço negociado ($ 15 mil) menos ICMS recuperável ($ 2.700, ou seja, $ 15.000 × 18%), item (a) da definição. Nesse caso, é necessário descontar o ICMS recuperável porque esse tributo está embutido no preço;
- imposto não recuperável: $ 800, isto é, o IPI, item (a) da definição. Nesse caso, é necessário somar o IPI não recuperável porque esse tributo não está embutido no preço.

De acordo com a legislação do ICMS, a recuperação do ICMS pago sobre a aquisição de itens do ativo imobilizado precisa ser feita ao longo de 48 meses, em cotas constantes. Portanto, no momento de reconhecimento, 1/4 do montante do ICMS a recuperar (ou seja, a parcela relativa aos 12 primeiros dos 48 meses) deve ser classificado no ativo circulante, e o restante no ativo não circulante.

Portanto, em 31 de dezembro de 20X0, a Comercial Bi-Tributada deveria fazer o seguinte lançamento contábil:

| | | |
|---|---|---|
| D | Equipamento emissor de cupom fiscal, ativo imobilizado | 13.100 |
| D | ICMS a recuperar, ativo circulante | 675 |
| D | ICMS a recuperar, ativo não circulante | 2.025 |
| C | Caixa e equivalentes de caixa, ativo financeiro básico | 15.800 |
| Histórico: 31 de dezembro de 20X0, compra de emissor de cupom fiscal e reconhecimento de ICMS recuperável ao longo de 48 meses ($ 56,25 por mês). | | |

*Estimativa do gasto para desmontagem e remoção*

A estimativa do gasto para desmontagem e remoção do item e de restauração do local no qual está instalado só deve ser somada ao custo do ativo imobilizado se, e somente se, no momento de reconhecimento (e mensuração inicial) do item de imobilizado a entidade tiver a obrigação presente de promover sua desmontagem e remoção ao final da vida útil, bem como a obrigação de restaurar o local no qual este estava localizado.

Esse é o caso dos tanques de combustíveis instalados no subsolo dos postos de abastecimento, que a entidade (posto de combustíveis) tem a obrigação de remover ao final de determinado período por conta da legislação ambiental e de defesa civil. Também é o caso dos equipamentos (por exemplo, aparelho de ar-condicionado) instalados em imóveis alugados, que a entidade (inquilino, locatário) tem a obrigação contratual de removê-los ao final do prazo de vigência do contrato de locação.

### Exemplo 2 – Custo do imobilizado, custos de instalação e descarte

Em 31 de dezembro de 20X0 a Clínica Radiológica 137 Ltda. comprou um equipamento de radioterapia por $ 1 milhão, à vista. Sabe-se que sobre o valor desse equipamento incidiu o imposto sobre a circulação de mercadorias e serviços (ICMS) à taxa de 18%, já embutido no preço e não recuperável; e o imposto sobre produtos industrializados (IPI) no valor de $ 30 mil, pagos além do preço. Adicionalmente, a entidade incorreu no frete entre o estabelecimento do fornecedor e seu estabelecimento, no valor de $ 25 mil, pagos à vista.

Conforme as regras de licenciamento de instalações de medicina nuclear, equipamentos de radioterapia precisam ser instalados em sala blindada e com sistemas de segurança, inclusive sinalização. A blindagem da sala e a instalação de todos os sistemas de segurança custaram à Clínica Radiológica 137 $ 600 mil, pagos à vista. Além disso, o alvará para operação do equipamento de radioterapia só foi concedido após a conclusão de treinamento específico de toda a equipe responsável por operar e supervisionar o uso do equipamento. Esse treinamento custou $ 40 mil, pagos à vista. Digamos que a instalação do equipamento e o treinamento da equipe foram concluídos em 31 de dezembro de 20X0.

Sabe-se que, de acordo com a legislação pertinente, a Clínica Radiológica 137 é obrigada a desinstalar, remover e providenciar descarte apropriado dos equipamentos de radioterapia ao final de sua vida econômica, que é estimada em 12 anos. O valor presente da estimativa inicial desses gastos totaliza $ 300 mil.

SOLUÇÃO

Independentemente do pronunciamento contábil adotado pela entidade (IAS 16 ou CPC PME), o custo do imobilizado totalizaria $ 1.955.000; afinal, os seguintes custos atendem à definição de elementos de custos de um item do ativo imobilizado:

- preço de aquisição: $ 1 milhão, item (a) da definição. Nesse caso, o preço foi pago à vista, não houve qualquer desconto nem abatimento.
- impostos não recuperáveis: $ 30 mil item (a) da definição. O único imposto não recuperável relevante para este caso é o IPI, uma vez que não estava embutido no preço de aquisição.
- frete: $ 25 mil; item (b) da definição.
- instalação: $ 600 mil; item (b) da definição.
- estimativa inicial dos gastos de desinstalação e remoção: $ 300 mil; item (c) da definição. Nesse caso, o gasto já foi informado a valor presente.

Observe que o gasto com treinamento de funcionários não atende à definição de elementos de custos de item do ativo imobilizado; logo, deve ser reconhecido imediatamente como despesa no resultado do período.

Portanto, em 31 de dezembro de 20X0, a Clínica Radiológica 137 deveria fazer o seguinte lançamento contábil:

| | | |
|---|---|---|
| D | Equipamento radiológico, ativo imobilizado | 1.955.000 |
| D | Despesa, resultado | 40.000 |

| | | |
|---|---|---|
| C | Caixa e equivalentes de caixa, ativo financeiro básico | 1.695.000 |
| C | Provisão para desinstalação e remoção, passivo não circulante | 300.000 |
| Histórico: 31 de dezembro de 20X0, compra ($ 1 milhão), imposto não recuperável ($ 30 mil), frete ($ 25 mil), instalação ($ 600 mil), provisão para desinstalação e remoção ($ 300 mil) de equipamento radiológico, e treinamento da equipe responsável por operar e monitorar o uso do referido equipamento ($ 40 mil). | | |

*Compra financiada*

O IAS 16.23 e o CPC PME 17.13 estabelecem que se a compra do item de ativo imobilizado for financiada além dos termos normais de mercado, o custo deve ser determinado pelo equivalente ao preço à vista na data de reconhecimento.

Exemplo 3 – Custo do imobilizado – compra financiada

Em 31 de dezembro de 20X0 a empresa prestadora de serviços Faz Tudo Ltda. comprou um aparelho televisor para entreter os clientes enquanto aguardam para serem atendidos. A entidade negociou o pagamento desse televisor em termos bastante diferenciados, ou seja, o preço de aquisição foi $ 3.500, para pagamento em duas prestações anuais e iguais, postecipadas, sem juros. Para simplificar, admita que a entidade não incorreu em qualquer tributo.

Nessa data, a administração da Faz Tudo identifica que poderia ter comprado um aparelho televisor idêntico, por $ 3.200 se pagasse à vista.

SOLUÇÃO

Independentemente do pronunciamento contábil adotado pela entidade (IAS 16 ou CPC PME), a obrigação assumida com o fornecedor (isto é, fornecedores a pagar, passivo financeiro) é classificada como mensurada pelo custo amortizado (veja o capítulo 1), e o ativo imobilizado, por sua vez, deve ser inicialmente mensurado pelo custo que a entidade pagaria numa transação à vista. Portanto, em 31 de dezembro de 20X0, a Faz Tudo precisa expurgar do preço negociado ($ 3.500) os juros embutidos, mesmo sabendo que o fornecedor tenha afirmado que não cobraria juros. Afinal, não é razoável a administração da Faz Tudo acreditar que o fornecedor lhe concederia dois anos para pagar sem lhe cobrar juros. Portanto, a diferença entre o preço negociado ($ 3.500) a ser pago ao longo dos próximos dois anos e o preço que a entidade pagaria imediatamente se tivesse comprado à vista ($ 3.200) é o valor dos juros embutidos na negociação.

Sabe-se que periodicamente a entidade deverá reconhecer a despesa financeira, isto é, precisa apropriar os juros ao resultado do período (pelo regime de competência), com base no método da taxa efetiva de juros.

Portanto, em 31 de dezembro de 20X0, a Faz Tudo deveria fazer o seguinte lançamento contábil:

<table>
<tr><td>D</td><td>Aparelho televisor, ativo imobilizado</td><td>3.200</td></tr>
<tr><td>D</td><td>Juros a transcorrer, passivo financeiro básico (conta redutora)</td><td>300</td></tr>
<tr><td>C</td><td>Fornecedores a pagar, passivo financeiro básico</td><td>3.500</td></tr>
<tr><td colspan="3">Histórico: 31 de dezembro de 20X0, compra de aparelho televisor por $ 3.500 para pagamento em duas parcelas anuais, a primeira vencendo em 31 de dezembro de 20X1.</td></tr>
</table>

Para apropriar os juros ao resultado do período, em 31 de dezembro de 20X1 e 31 de dezembro de 20X2, precisaria identificar a taxa efetiva de juros, que é 6,18809% ao ano, de modo que a despesa financeira de 20X1 seria $ 198,02 e a despesa financeira de 20X2 seria $ 101,98, conforme demonstrado na tabela 1.

**Tabela 1**

Cálculo da taxa efetiva de juros e dos encargos financeiros anuais

| Data | Evento | Fluxo de caixa | | | | |
|---|---|---|---|---|---|---|
| 31/12/20X0 | Valor equivalente à vista da compra a prazo | 3.200 | Saldos iniciais | Encargos financeiros | Pagamentos | Saldos finais |
| 31/12/20X1 | Um ano após a compra, 1º pagamento | -1.750 | 3.200,00 | 198,02 | -1.750,00 | 1.648,02 |
| 31/12/20X2 | Dois anos após a compra, 2º pagamento | -1.750 | 1.648,02 | 101,98 | -1.750,00 | 0,00 |
| | Taxa efetiva de juros | 6,18809% | Totais | 300,00 | -3.500,00 | |

### *Ativo qualificável para capitalização dos custos de empréstimo*

O IAS 23 – Borrowing Costs (que corresponde ao CPC 20 e à NBC TG 20), no item 1, estabelece que "custos de empréstimos que são diretamente atribuíveis à aquisição, construção ou produção de um ativo qualificável formam parte do custo de tal ativo". Outros custos de empréstimos devem ser reconhecidos como despesa.

O termo *ativo qualificável* significa "o ativo que, necessariamente, demanda um período de tempo substancial para ficar pronto para seu uso ou venda pretendidos" (IAS 23.5).

Diversos são os exemplos de ativos qualificáveis: plantas industriais para manufatura, usinas de geração de energia, embarcações, plataformas de petróleo, edifícios, altos-fornos siderúrgicos, desde que sua construção demande período maior que um ano. Contudo, "ativos que estão prontos para seu uso ou venda pretendidos quando adquiridos não são ativos qualificáveis" (IAS 23.7).

É interessante notar que não é qualquer juro incorrido durante o período de construção de ativo qualificável que é sujeito à capitalização no custo de tal ativo; somente os custos de empréstimos diretamente atribuíveis à aquisição, construção ou produção de tal ativo, conforme explicado no IAS 23:

Os custos de empréstimos que são atribuíveis diretamente à aquisição, construção ou produção de um ativo qualificável são aqueles que seriam evitados se os gastos com o ativo qualificável não tivessem sido feitos. Quando a entidade toma emprestados recursos especificamente com o propósito de obter um ativo qualificável particular, os custos do empréstimo que são diretamente atribuíveis ao ativo qualificável podem ser prontamente identificados [IAS 23.10].

Quando a entidade não obtiver um empréstimo especificamente vinculado à aquisição, construção ou produção de um ativo qualificável, sua administração deverá exercer julgamento para determinar se os respectivos custos do empréstimo são atribuíveis ao ativo qualificável e deverá observar os itens 11 e 13 a 15 do IAS 23.

Exemplo 4 – Custo do imobilizado – ativo qualificável

Em 31 de dezembro de 20X0 a empresa de transportes marítimos Leva e Traz Ltda. fechou com um estaleiro a compra de uma nova embarcação. Pelos termos do contrato, o estaleiro construirá a embarcação atendendo às especificações da Leva e Traz, o que deverá ser concluído no período de 36 meses, ou seja, a data prevista de entrega da embarcação é 31 de dezembro de 20X3. O preço de aquisição da embarcação é $ 1 milhão, a ser pago ao estaleiro da seguinte forma: em 31 de dezembro de 20X0, sinal no valor de $ 100 mil; em 31 de dezembro de 20X1, $ 700 mil; em 31 de dezembro de 20X3, no ato da entrega, $ 200 mil.

Em 31 de dezembro de 20X0 a entidade pagou o sinal em dinheiro, quando assinou o contrato.

Durante o ano de 20X1 a Leva e Traz obteve empréstimo bancário no montante de $ 700 mil, para pagamento em sete prestações anuais. Os termos desse contrato de empréstimo estabelecem que a Leva e Traz deverá pagar ao banco juros de 2% ao ano, capitalizáveis anualmente. Os juros incidem sobre o saldo devedor e devem ser pagos a cada 31 de dezembro, juntamente com a amortização do principal (pagamento das sete prestações anuais). Na transação de obtenção do empréstimo, a Leva e Traz incorreu em custos de transação no montante de $ 40 mil.

O dinheiro foi disponibilizado pelo banco, mediante depósito na conta-corrente da Leva e Traz em 31 de dezembro de 20X1.

Sabe-se que a Leva e Traz honrou todos os compromissos financeiros assumidos com o estaleiro e com o banco, nas datas negociadas. Sabe-se também que a embarcação ficou pronta em 31 de dezembro de 20X3, quando a Leva e Traz assumiu seu controle.

SOLUÇÃO

Considerando que a Leva e Traz só assumiu o controle da embarcação em 31 de dezembro de 20X3, todos os gastos incorridos na construção da embarcação até essa data são reconhecidos como custo do ativo imobilizado. Logo, em 31 de dezembro de 20X0, o seguinte lançamento contábil foi efetuado:

| | | |
|---|---|---|
| D | Custo da embarcação em construção, ativo imobilizado | 100.000 |
| C | Caixa e equivalente de caixa, ativo circulante | 100.000 |
| Histórico: 31 dezembro 20X0, pagamento do sinal relativo à aquisição de embarcação. | | |

Considerando que a Leva e Traz adota o Full IFRS (nesse caso, o IAS 16 e o IAS 23), a embarcação, cuja produção e aquisição demora três anos, é um ativo qualificável; portanto, os encargos do empréstimo obtido especificamente para financiar sua aquisição deverão ser capitalizados ao custo da embarcação quando essa for reconhecida como item do ativo imobilizado. Assim, para determinar o custo de aquisição da embarcação é necessário apurar o valor do custo do empréstimo; para tanto, é necessário identificar o fluxo de caixa relativo a esse empréstimo. Para simplificar, vamos considerar que os custos de transação incorridos para se obter o empréstimo bancário foram pagos em 31 de dezembro de 20X1, quando o empréstimo foi efetivamente concedido à Leva e Traz. Então, nessa data, os seguintes lançamentos contábeis seriam efetuados:

| | | |
|---|---|---|
| D | Caixa e equivalente de caixa, ativo circulante | 660.000 |
| D | Custos de transação a apropriar, passivo (conta redutora) | 40.000 |
| C | Empréstimos obtidos, passivo | 700.000 |
| Histórico: 31 de dezembro de 20X1, obtenção de empréstimo bancário para financiar a aquisição da embarcação. | | |

| | | |
|---|---|---|
| D | Custo da embarcação em construção, ativo imobilizado | 700.000 |
| C | Caixa e equivalente de caixa, ativo circulante | 700.000 |
| Histórico: 31 de dezembro de 20X1, pagamento da segunda prestação relativa à aquisição de embarcação. | | |

Desse modo, a taxa efetiva de juros incidente sobre esse empréstimo é de 3,58487% ao ano, sendo os encargos financeiros calculados conforme apresentado na tabela 2.

**Tabela 2**

Cálculo da taxa efetiva de juros e dos encargos financeiros anuais

| Data | Fluxo efetivo de caixa | Saldos iniciais | Encargos financeiros | Pagamentos | Saldos finais | Custos de transação (peso 41,67%) | Juros (peso 58,33%) |
|---|---|---|---|---|---|---|---|
| 20X1 | 660.000,00 | | | | | | |
| 20X2 | −114.000,00 | 660.000,00 | 23.660,11 | −114.000,00 | 569.660,11 | 9.858,38 | 13.801,73 |
| 20X3 | −112.000,00 | 569.660,11 | 20.421,55 | −112.000,00 | 478.081,66 | 8.508,98 | 11.912,57 |
| 20X4 | −110.000,00 | 478.081,66 | 17.138,58 | −110.000,00 | 385.220,24 | 7.141,08 | 9.997,51 |
| 20X5 | −108.000,00 | 385.220,24 | 13.809,63 | −108.000,00 | 291.029,87 | 5.754,01 | 8.055,62 |
| 20X6 | −106.000,00 | 291.029,87 | 10.433,03 | −106.000,00 | 195.462,90 | 4.347,10 | 6.085,93 |
| 20X7 | −104.000,00 | 195.462,90 | 7.007,08 | −104.000,00 | 98.469,98 | 2.919,62 | 4.087,46 |
| 20X8 | −102.000,00 | 98.469,98 | 3.530,02 | −102.000,00 | 0,00 | 1.470,84 | 2.059,18 |
| TEF | 3,58487% | Totais | 96.000,00 | −756.000,00 | | 40.000,00 | 56.000,00 |

Tef = Taxa efetiva de juros

Logo, em 31 de dezembro de 20X2, pela apropriação dos custos do empréstimo, a entidade deveria reconhecer:

| | | |
|---|---|---|
| D | Custo da embarcação em construção, ativo imobilizado | 23.660[a] |
| C | Empréstimos obtidos, passivo | 13.801[c] |
| C | Custos de transação a apropriar, passivo (conta redutora) | 9.858[b] |
| Histórico: 31 de dezembro de 20X2, reconhecimento dos encargos financeiros pela taxa efetiva de juros. | | |
| [a] Montante dos encargos financeiros apurado conforme tabela 2, ou seja, $ 660.000 × 3,58487% ao ano. | | |
| [b] Parcela dos encargos financeiros relativa à apropriação dos custos de transação, conforme tabela 2, ou seja, $ 23.660,11× 41,67%. | | |
| [c] Parcela dos encargos financeiros relativa aos juros reconhecidos pelo regime de competência de acordo com o método da taxa efetiva de juros, conforme tabela 2, ou seja, $ 23.660,11 × 58,33%. | | |

Ainda em 31 de dezembro de 20X2, pelo pagamento do empréstimo bancário, a entidade deveria reconhecer:

| | | |
|---|---|---|
| D | Empréstimos obtidos, passivo | 114.000,00 |
| C | Caixa e equivalente de caixa, ativo circulante | 114.000,00 |
| Histórico: 31 de dezembro de 20X2, reconhecimento do pagamento de parcela do empréstimo. | | |

Em 31 de dezembro de 20X3, a entidade também apropriaria os custos do empréstimo:

| | | |
|---|---|---|
| D | Custo da embarcação em construção, ativo imobilizado | 20.421,55 |
| C | Empréstimos obtidos, passivo | 11.912,57 |
| C | Custos de transação a apropriar, passivo (conta redutora) | 8.508,98 |
| Histórico: 31 dezembro 20X3, reconhecimento dos encargos financeiros pela taxa efetiva de juros. | | |

Também reconheceria o pagamento da segunda prestação do empréstimo bancário:

| | | |
|---|---|---|
| D | Empréstimos obtidos, passivo | 112.000,00 |
| C | Caixa e equivalente de caixa, ativo circulante | 112.000,00 |
| Histórico: 31 de dezembro de 20X3, reconhecimento do pagamento de parcela do empréstimo. | | |

Portanto, em 31 de dezembro de 20X3, a entidade pagaria a última parcela ao estaleiro, no valor de $ 200 mil e assumiria o controle da embarcação. Assim, a embarcação seria reconhecida como item do ativo imobilizado da Leva e Traz pelo custo de aquisição de $ 1.044.081,66, assim composto:

- preço de aquisição: $ 1 milhão;
- encargos financeiros relativos a 20X2: $ 23.660,11;
- encargos financeiros relativos a 20X3: $ 20.421,55;

Logo, o seguinte lançamento contábil seria efetuado:

| | | |
|---|---|---|
| D | Embarcação, ativo imobilizado | 1.044.081,66 |
| C | Custo da embarcação em construção, ativo imobilizado | 844.081,66 |
| C | Caixa e equivalentes de caixa, ativo circulante | 200.000,00 |
| Histórico: 31 de dezembro de 20X3, pagamento da última parcela relativa à aquisição de embarcação e obtenção de seu controle. | | |

Note que após 31 de dezembro de 20X3, a entidade não reconheceria mais qualquer parcela dos encargos financeiros daquele empréstimo bancário como custo do imobilizado, mas sim no resultado do período, como despesa financeira.

*Ativo imobilizado construído pela própria empresa*

O IAS 16.22 estabelece que se a entidade produzir um item para seu uso (ativo imobilizado) cuja produção seja inerente à atividade normal da entidade (estoque), ela deve mensurar o custo de produção do item de ativo imobilizado da mesma forma que mensura o custo de produção dos itens de estoque.

Esse pode ser o caso de uma montadora de automóveis que utiliza determinadas unidades (inicialmente produzidas para revenda) em suas atividades administrativas ou comerciais.

Para detalhes e exemplos de tal critério de mensuração, veja o item "Conceitos gerais" do capítulo 3 deste livro.

*Transação de troca*

O IAS 16 (itens 24 a 26) e o CPC PME 17.14 estabelecem o critério de mensuração de itens do ativo imobilizado adquiridos mediante transação de troca (isto é, permuta) por outro ativo não monetário.

> Um ativo imobilizado pode ser adquirido por meio de permuta por ativo não monetário, ou conjunto de ativos monetários e não monetários. Os ativos objeto de permuta podem ser de mesma natureza ou de naturezas diferentes. O texto a seguir refere-se apenas à permuta de ativo não monetário por outro; todavia, o mesmo conceito pode ser aplicado a todas as permutas descritas anteriormente. O custo de tal item do ativo imobilizado é mensurado pelo valor justo, a não ser que (a) a operação de permuta não tenha natureza comercial ou (b) o valor justo do ativo recebido e do ativo cedido não possam ser mensurados com segurança. O ativo adquirido é mensurado dessa forma mesmo que a entidade não consiga dar baixa imediata ao ativo cedido. Se o ativo adquirido não for mensurável ao valor justo, seu custo é determinado pelo valor contábil do ativo cedido [IAS 16, 24].

Dois são os fatores determinantes para aplicar esse critério de mensuração ao ativo imobilizado adquirido mediante permuta: conhecer seu valor justo e haver substância comercial na transação. O conceito de valor justo já foi apresentado no item "Bases de mensuração" do capítulo 1, e explicado no capítulo 2, ambos deste livro.

O conceito de natureza comercial da transação de permuta é explicado no IAS 16:

> A entidade deve determinar se a operação de permuta tem natureza comercial considerando até que ponto seus fluxos de caixa futuros serão modificados em virtude da operação. A operação de permuta tem natureza comercial se:
> (a) a configuração (ou seja, risco, oportunidade e valor) dos fluxos de caixa do ativo recebido for diferente da configuração dos fluxos de caixa do ativo cedido; ou
> (b) o valor específico para a entidade de parcela das suas atividades for afetado pelas mudanças resultantes da permuta; e
> (c) a diferença em (a) ou (b) for significativa em relação ao valor justo dos ativos permutados.
>
> Para determinar se a operação de permuta tem natureza comercial, o valor específico para a entidade da parcela das suas atividades afetada pela operação deve estar refletido nos fluxos de caixa após os efeitos da sua tributação. O resultado dessas análises pode ficar claro sem que a entidade realize cálculos detalhados [IAS 16.25].

### Exemplo 5 – Custo do imobilizado – permuta

Em 31 de dezembro de 20X0 a empresa Comercial Escambo Ltda. tinha em seu ativo imobilizado um veículo usado cujo valor contábil era $ 20 mil, sendo: custo de aquisição $ 50 mil e depreciação acumulada até a data $ 30 mil. Sabe-se que o valor justo do veículo nessa data era $ 28 mil.

Em 1º de janeiro de 20X1, a Comercial Escambo negociou com a empresa Refrigeração Olaf Ltda. a troca de tal veículo por um sistema de refrigeração para sua loja. O valor justo do sistema de refrigeração era $ 31 mil. Portanto, além de entregar o veículo, a Comercial Escambo pagou $ 3 mil em dinheiro.

SOLUÇÃO

Independentemente do pronunciamento contábil adotado pela entidade (IAS 16 ou CPC PME), a Comercial Escambo precisa julgar se a transação tem natureza comercial. Nesse caso, não parece haver dúvida de que sim; afinal, veículo e sistema de refrigeração têm naturezas, finalidades e fluxos de caixa significativamente diferentes. Adicionalmente, os valores justos do veículo entregue e do sistema de refrigeração recebido foram determinados de maneira confiável.

Considerando que o veículo foi entregue pelo valor justo ($ 28 mil), que é maior que seu valor contábil ($ 20 mil), a Comercial Escambo auferiu um ganho nessa transação. Portanto, em 1º de janeiro de 20X1, a Comercial Escambo deveria fazer o seguinte lançamento contábil:

| | | |
|---|---|---|
| D | Sistema de refrigeração, ativo imobilizado | 31.000 |
| D | Depreciação acumulada – veículo, ativo imobilizado (conta redutora) | 30.000 |
| C | Veículo, ativo imobilizado | 50.000 |
| C | Ganho na venda do imobilizado, resultado | 8.000 |
| C | Caixa e equivalente de caixa, ativo circulante | 3.000 |
| Histórico: 1º de janeiro de 20X1, permuta de veículo usado (valor contábil $ 20 mil, valor justo $ 28 mil), por sistema de refrigeração (valor justo $ 31.000), sendo a diferença paga em dinheiro à contraparte, Refrigeração Olaf. | | |

Caso essa transação não tivesse substância comercial, a Comercial Escambo deveria mensurar o ativo adquirido por meio de permuta, isto é, o sistema de refrigeração, pelo valor contábil do ativo cedido, ou seja, $ 23 mil, que representa o somatório do valor contábil do veículo cedido ($ 20 mil) mais o montante pago em dinheiro ($ 3 mil). Consequentemente, não teria reconhecido qualquer ganho ou perda na transação de permuta sem substância comercial.

### *Custos subsequentes ao reconhecimento*

O IAS 16.12-14 estabelece que, de maneira geral, os custos de manutenção periódica de item do ativo imobilizado não devem ser capitalizados, mas, pelo contrário, devem ser reconhecidos no resultado quando incorridos.

Entretanto, quando os custos subsequentes forem incorridos para aumentar a vida econômica do ativo ou para aumentar sua capacidade de produção, esses custos poderão ser capitalizados, enquanto os custos de peças substituídas devem ser baixados. Esse princípio é enunciado no IAS 16.13.

Em conformidade com o IFRIC 1 – Changes in Existing Decommissioning, Restoration and Similar Liabilities (que corresponde à Interpretação Técnica ICPC 12 e à ITG 12) e em conformidade com o item 21.11 do CPC PME, além dos custos subsequentes que aumentarem a vida econômica ou a capacidade de produção do ativo imobilizado, também são somados ao (ou subtraídos do) valor contábil do ativo imobilizado as revisões da estimativa inicial dos custos de desmontagem e remoção do item e de restauração do local (sítio) no qual o ativo está localizado. Contudo, se a redução da estimativa for em montante maior que o valor contábil do ativo, este tem seu saldo zerado e o excedente é reconhecido no resultado do período. Por outro lado, se o aumento da estimativa resultar que o ativo fique mensurado por montante maior que seu valor recuperável, a entidade deverá reconhecer no resultado do período a perda por irrecuperabilidade. Observe que tal ajuste ao valor contábil do imobilizado só é feito em relação à revisão da estimativa inicial dos custos de desmontagem e remoção do item e de restauração do local (sítio) no qual o ativo está localizado; portanto, a reversão periódica do desconto (isto é, a capitalização dos juros sobre a provisão para mantê-la mensurada a valor presente na data do balanço) deverá ser reconhecida no resultado como despesa financeira à medida que ocorrer.

## Mensuração subsequente

O ativo imobilizado é subsequentemente mensurado pelo valor líquido, que corresponde ao custo de aquisição (isto é, valor da mensuração inicial) menos a depreciação acumulada e menos a perda por irrecuperabilidade acumulada.

### *Depreciação*

O IAS 16 define depreciação como "a alocação sistemática do valor depreciável de um ativo ao longo da sua vida útil" (IAS 16.6).

O mesmo item do IAS 16 define o termo *valor depreciável* como "o custo de um ativo, ou outro valor que substitua o custo, menos o seu valor residual". Já o termo *valor residual* é definido como "o valor estimado que a entidade obteria com a venda do ativo, após deduzir as despesas estimadas de venda, caso o ativo já tivesse a idade e a condição esperadas para o fim de sua vida útil" (IAS 16.6).

É interessante que na determinação do valor residual não se considera a intenção da administração da entidade de vender ou não vender o ativo ao final de sua vida útil. A rigor, o pronunciamento contábil pressupõe que a entidade venderá o ativo e auferirá tal montante (valor residual).

A vida útil é: "(a) o período de tempo durante o qual a entidade espera utilizar o ativo; ou (b) o número de unidades de produção ou de unidades semelhantes que a entidade espera obter pela utilização do ativo" (IAS 16.6).

Observe que *vida útil* não é sinônimo de *vida econômica*. A *vida econômica* corresponde a todo o período durante o qual o ativo é capaz de gerar benefícios econômicos, para quem quer que o controle, ao passo que a *vida útil* é uma parcela da vida econômica, a parcela que a entidade espera utilizar o ativo.

O IAS 16 orienta quanto à determinação da vida útil, como segue:

> todos os seguintes fatores são considerados na determinação da vida útil de um ativo:
> (a) uso esperado do ativo que é avaliado com base na capacidade ou produção física esperadas do ativo;
> (b) desgaste físico normal esperado, que depende de fatores operacionais tais como o número de turnos durante os quais o ativo será usado, o programa de reparos e manutenção e o cuidado e a manutenção do ativo enquanto estiver ocioso;
> (c) obsolescência técnica ou comercial proveniente de mudanças ou melhorias na produção, ou de mudança na demanda do mercado para o produto ou serviço derivado do ativo;
> (d) limites legais ou semelhantes no uso do ativo, tais como as datas de término dos contratos de arrendamento mercantil relativos ao ativo [IAS 16.56].

Portanto, "a estimativa da vida útil do ativo é uma questão de julgamento baseado na experiência da entidade com ativos semelhantes" (IAS 16.57). Ressalte-se que "o valor residual, a vida útil e o método de depreciação de um ativo devem ser revisados pelo menos ao final de cada ano" (IAS 16.51-61) e que as mudanças dessas estimativas devem ser contabilizadas prospectivamente, conforme o IAS 8.36.

Conforme o IAS 16.43-47, a entidade deve mensurar a depreciação para cada componente relevante de um item do ativo imobilizado. Portanto, deve alocar o custo de aquisição do ativo às partes componentes, e depreciá-las separadamente. Esse, normalmente, é o caso de veículos, pois pode ser adequado depreciar o motor, os pneus e a estrutura, além de outras partes componentes, separadamente.

Os itens 48 e 49 do IAS 16 estabelecem que a depreciação deve ser normalmente reconhecida no resultado do período, a menos que seja incluída no valor contábil de outro ativo. Esse normalmente é o caso de máquinas utilizadas no processo fabril, pois sua depreciação é elemento de custo de produção dos itens fabricados; portanto, nesse caso, a depreciação é reconhecida como parte do custo dos estoques.

A depreciação se inicia quando o ativo está disponível para uso, e deve cessar quando: o ativo é classificado como mantido para venda, o ativo é baixado (IAS 16.55), ou quando seu valor residual exceder seu valor contábil (IAS 16.52). "Portanto, a depreciação não cessa quando o ativo se torna ocioso ou é retirado do uso normal, a não ser que o ativo esteja totalmente depreciado" (IAS 16.55). Contudo, o fato de o ativo se tornar ocioso pode ensejar revisão de seu valor residual ou do tempo de vida útil, bem como sugerir perda por irrecuperabilidade, conforme será discutido adiante, neste capítulo.

O método de depreciação utilizado deve refletir o padrão de consumo, pela entidade, dos benefícios econômicos futuros que o ativo imobilizado é capaz de gerar (IAS 16.60). Portanto, a depreciação é uma política contábil emblemática do princípio de que a substância econômica das transações deve prevalecer sobre a forma. Quanto aos métodos de depreciação, o IAS 16 esclarece:

> Vários métodos de depreciação podem ser utilizados para apropriar de forma sistemática o valor depreciável de um ativo ao longo da sua vida útil. Tais métodos incluem o método da linha reta, o método dos saldos decrescentes e o método de unidades produzidas. A depreciação pelo método linear resulta em despesa constante durante a vida útil do ativo, caso o seu valor residual não se altere. O método dos saldos decrescentes resulta em despesa decrescente durante a vida útil. O método de unidades produzidas resulta em despesa baseada no uso ou produção esperados. A entidade seleciona

o método que melhor reflita o padrão do consumo dos benefícios econômicos futuros esperados incorporados no ativo. Esse método é aplicado consistentemente entre períodos, a não ser que exista alteração nesse padrão [IAS 16.62].

O método da linha reta também é denominado método das cotas constantes, porque, consoante esse método, se apura o mesmo valor de depreciação anual todos os anos. Por sua vez, o método das unidades produzidas também é denominado método das horas trabalhadas ou método do benefício gerado (Szuster et al., 2013).

Exemplo 6 – Depreciação, ativo imobilizado e cotas constantes
As circunstâncias são as mesmas do exemplo 2. Entretanto, neste exemplo, em 31 de dezembro de 20X0, a administração da Clínica Radiológica 137 Ltda. julgou que o equipamento de radioterapia tem vida útil de 12 anos, o prazo máximo permitido pela legislação, de modo que ao final desse prazo o equipamento é descartado e vira sucata, tendo valor residual nulo. Adicionalmente, a administração entende que o método de depreciação que melhor representa o perfil de consumo dos benefícios econômicos que o item é capaz de gerar é o das cotas constantes (linha reta).

SOLUÇÃO

Independentemente do pronunciamento contábil adotado pela entidade (IAS 16 ou CPC PME), a Clínica Radiológica 137 começaria a depreciar o equipamento de radioterapia a partir de 31 de dezembro de 20X0, quando o equipamento ficou disponível para uso pela entidade. Portanto, em 31 de dezembro de 20X1, a Clínica Radiológica 137 reconheceria a despesa de depreciação pelo valor de $ 162.916,67, isto é (custo $ 1.955.000 menos valor residual $ 0) ÷ 12 anos de vida útil.

Logo, em 31 de dezembro de 20X1, a Clínica Radiológica 137 deveria fazer o seguinte lançamento contábil:

| D | Custos dos serviços de radioterapia prestados – depreciação, resultado | 162.916,67 |
|---|---|---|
| C | Depreciação acumulada – equipamento de radioterapia, ativo imobilizado (conta redutora) | 162.916,67 |
| Histórico: 31 de dezembro de 20X1, depreciação do equipamento de radioterapia pelo método da linha reta (cotas constantes). | | |

Dessa forma, em 31 de dezembro de 20X1, o valor contábil do equipamento de radioterapia seria $ 1.792.083,33, isto é, custo de aquisição ($ 1.955.000) menos depreciação acumulada ($ 162.916,67).

Exemplo 7 – Depreciação, partes componentes e cotas constantes

As circunstâncias são as mesmas do exemplo 5. Entretanto, neste exemplo, em 1º de janeiro de 20X1, a administração da empresa Comercial Escambo Ltda. identificou que o sistema de refrigeração é composto por três partes componentes relevantes: um condensador, três evaporadores, e tubulações e instalações hidráulicas e elétricas. Adicionalmente, fez os seguintes julgamentos, conforme apresentados na tabela 3.

**Tabela 3**

Julgamentos relevantes ao cálculo da depreciação

| | Condensador | Evaporadores | Tubulações e instalações | Somatório |
|---|---|---|---|---|
| Alocação do valor contábil | $ 10.000 | $ 17.000 | $ 4.000 | $ 31.000 |
| Vida útil | 10 anos | 8 anos | 20 anos | |
| Valor residual | $ 2.000 | $ 500 | Zero | $ 2.500 |
| Método de depreciação | Cotas constantes | Cotas constantes | Cotas constantes | |

Sabe-se que a instalação do sistema de refrigeração foi realizada em janeiro de 20X1, de modo que tal ativo só ficou disponível para uso a partir de 1º de fevereiro de 20X1.

SOLUÇÃO

Independentemente do pronunciamento contábil adotado pela entidade (IAS 16 ou CPC PME), a Comercial Escambo só começa a depreciar o sistema de refrigeração a partir de fevereiro de 20X1.

De acordo com as estimativas de sua administração, a Comercial Escambo reconheceria os valores de depreciação no ano 20X1 apresentados na tabela 4.

**Tabela 4**

Cálculo da depreciação

| | | Condensador | Evaporadores | Tubulações e instalações |
|---|---|---|---|---|
| Alocação do valor contábil | (A) | 10.000,00 | 17.000,00 | 4.000,00 |
| Valor residual | (B) | 2.000,00 | 500,00 | 0,00 |
| Valor depreciável | (C) = (A) – (B) | 8.000,00 | 16.500,00 | 4.000,00 |
| Vida útil (em anos) | (D) | 10 | 8 | 20 |
| Depreciação anual | (E) = (C) ÷ (D) | 800,00 | 2.062,50 | 200,00 |
| Depreciação mensal | (F) = (E) ÷ 12 | 66,67 | 171,88 | 16,67 |
| Depreciação fev./dez. 20X1 | (G) = (F) × 11 | 733,33 | 1.890,63 | 183,33 |

Portanto, em 31 de dezembro de 20X1, a Comercial Escambo deveria fazer o seguinte lançamento contábil:

| | | |
|---|---|---|
| D | Despesa de depreciação, resultado | 2.807,29 |
| C | Depreciação acumulada – sistema de refrigeração, ativo imobilizado (conta redutora) | 2.807,29 |
| Histórico: 31 de dezembro de 20X1, depreciação do sistema de refrigeração pelo método da linha reta (cotas constantes). | | |

Dessa forma, em 31 de dezembro de 20X1, o valor contábil do sistema de refrigeração seria $ 28.192,71, isto é, custo de aquisição ($ 31 mil) menos depreciação acumulada ($ 2.807,29).

Exemplo 8 – Depreciação, partes componentes e cotas constantes – mudança de estimativas

As circunstâncias são as mesmas do exemplo 7. Entretanto, neste exemplo, em 1º de janeiro de 20X2, a administração da empresa Comercial Escambo Ltda. revisou suas estimativas quanto à vida útil, valor residual e métodos de depreciação das partes componentes do sistema de refrigeração. As únicas partes que tiveram suas estimativas originais alteradas foram os evaporadores, cuja vida útil remanescente foi estimada em seis anos (em lugar dos sete anos que seriam apurados pela estimativa original) e o valor residual, que foi alterado para $ 1 mil.

SOLUÇÃO

Independentemente do pronunciamento contábil adotado pela entidade (IAS 16 ou CPC PME) Comercial Escambo, a mudança de estimativas contábeis tem efeito prospectivo, ou seja, a partir da data da mudança, neste exemplo, a partir de 1º de janeiro de 20X2.

De acordo com as estimativas de sua administração, a Comercial Escambo reconheceria os valores de depreciação do condensador e das tubulações e instalações no ano 20X2 pelos montantes apurados na tabela 3 (veja o exemplo 5), isto é, $ 800 e $ 200, respectivamente. Entretanto, em função da mudança de estimativas relativas aos evaporadores, o valor da depreciação seria apurado conforme apresentado na tabela 5.

**Tabela 5**

Cálculo da depreciação

| | | **Evaporadores** |
|---|---|---|
| Alocação do custo | (A) | 17.000,00 |
| Depreciação acumulada | (B) | 1.890,63 |
| Valor contábil em 1º jan. 20X2 | (C) = (A) - (B) | 15.109,37 |
| Novo valor residual | (D) | 1.000,00 |
| Novo valor depreciável | (E) = (C) - (D) | 14.109,37 |
| Nova vida útil remanescente (em anos) | (F) | 6 |
| Depreciação anual | (G) = (E) ÷ (F) | 2.351,56 |

Portanto, em 31 de dezembro de 20X2, a Comercial Escambo deveria fazer o seguinte lançamento contábil:

| | | |
|---|---|---|
| D | Despesa de depreciação, resultado | 3.351,56 |
| C | Depreciação acumulada – sistema de refrigeração, ativo imobilizado (conta redutora) | 3.351,56 |
| Histórico: 31 de dezembro de 20X2, depreciação do sistema de refrigeração pelo método da linha reta (cotas constantes). = (2.351,56 + 800,00 + 200,00) | | |

Dessa forma, em 31 de dezembro de 20X2, o valor contábil do sistema de refrigeração seria $ 24.841,15, isto é, custo de aquisição ($ 31 mil) menos depreciação acumulada ($ 6.158,85).

### Exemplo 9 – Depreciação, partes componentes, cotas constantes e benefício gerado

As circunstâncias são as mesmas do exemplo 5. Entretanto, neste exemplo, em 1º de janeiro de 20X1, a administração da empresa Refrigeração Olaf Ltda. identificou que o veículo (adquirido da Comercial Escambo, por $ 28 mil) é formado por três partes componentes relevantes: motor, pneus, e estrutura e estofados. Nessa data, a administração da entidade notou que o odômetro do veículo registrava 18 mil quilômetros. Adicionalmente, fez os seguintes julgamentos, conforme apresentados na tabela 6.

**Tabela 6**

Julgamentos relevantes ao cálculo da depreciação

| | Motor | Pneus | Estrutura e estofados |
|---|---|---|---|
| Alocação do valor contábil | $ 12.000 | $ 1.000 | $ 15.000 |
| Vida útil remanescente | 200.000 km | 15.000 km | 20 anos |
| Valor residual | $ 1.000 | Zero | Zero |
| Método de depreciação | Benefício gerado | Benefício gerado | Cotas constantes |

Sabe-se que o veículo está disponível para uso a partir de 1º de janeiro de 20X1. Sabe-se, também, que o veículo foi intensamente utilizado pela entidade durante o ano, de modo que seu odômetro registrava 30 mil quilômetros em 31 de dezembro de 20X1.

SOLUÇÃO

Independentemente do pronunciamento contábil adotado pela entidade (IAS 16 ou CPC PME), a Refrigeração Olaf começa a depreciar o veículo a partir de janeiro de 20X1.

De acordo com as estimativas de sua administração, a Refrigeração Olaf reconheceria os valores de depreciação no ano 20X1 apresentados na tabela 7.

**Tabela 7**

Cálculo da depreciação

| | | Motor | Pneus | Estrutura e estofados |
|---|---|---|---|---|
| Alocação do valor contábil | (A) | 12.000,00 | 1.000,00 | 15.000,00 |
| Valor residual | (B) | 1.000,00 | 0,00 | 0,00 |
| Valor depreciável | (C) = (A)-(B) | 11.000,00 | 1.000,00 | 15.000,00 |
| Vida útil remanescente[a] | (D) | 200.000 | 15.000 | 20 |
| Depreciação[b] | (E) = (C) ÷ (D) | 0,06 | 0,07 | 750,00 |
| Unidades produzidas | (F) | 12.000 | 12.000 | |
| Depreciação 20X1 | (G) = (E) × (F) | 660,00 | 800,00 | 750,00 |

(a) Vida útil remanescente medida em km (motor e pneus), e em anos (estrutura e estofados)
(b) Depreciação apurada pelo método de unidades produzidas (motor e pneus), e pelo método da linha reta (estrutura e estofados)

Portanto, em 31 de dezembro de 20X1, a Refrigeração Olaf deveria fazer o seguinte lançamento contábil:

| | | |
|---|---|---|
| D | Despesa de depreciação, resultado | 2.210 |
| C | Depreciação acumulada – sistema de refrigeração, ativo imobilizado (conta redutora) | 2.210 |
| Histórico: 31 de dezembro de 20X1, depreciação do veículo, sendo algumas partes componentes depreciadas pelo método da linha reta (cotas constantes) e outras pelo método de unidades produzidas (benefício gerado). | | |

Dessa forma, em 31 de dezembro de 20X1, o valor contábil do veículo seria $ 25.790 isto é, custo de aquisição ($ 28 mil) menos depreciação acumulada ($ 2.210).

### *Perda por redução ao valor recuperável*

O IAS 16 estabelece que a perda por irrecuperabilidade do ativo imobilizado deve ser determinada com base no IAS 36 – Impairment of Assets (que corresponde ao CPC 01 e à NBC TG 01). De maneira semelhante, a seção 17 do CPC PME determina que a perda por irrecuperabilidade do ativo imobilizado deve ser determinada com base na seção 27.

O IAS 36 utiliza o termo *perda por desvalorização* para se referir ao que chamamos neste livro de *perda por redução ao valor recuperável* ou *perda por irrecuperabilidade*, e assim o define: "é o montante pelo qual o valor contábil de um ativo ou de unidade geradora de caixa excede seu valor recuperável" (IAS 36.6). Por seu turno, define *valor recuperável* como "o maior montante entre seu valor justo líquido de despesa de venda e seu valor em uso", sendo o *valor em uso* "o valor presente de fluxos de caixa futuros esperados que devem advir de um ativo ou de unidade geradora de caixa" (IAS 36.6).

É importante ressaltar que a perda por irrecuperabilidade pode ser determinada para cada ativo isoladamente ou, quando isso não for viável, para uma *unidade geradora de caixa*, que significa: "o menor grupo identificável de ativos que gera entradas de caixa, entradas essas que são em grande parte independentes das entradas de caixa de outros ativos ou outros grupos de ativos" (IAS 36.6).

Portanto, de maneira semelhante aos ativos financeiros não mensurados pelo modelo do valor justo mediante resultado e semelhantemente aos estoques, o ativo imobilizado também é sujeito ao teste de recuperabilidade. A principal diferença é que os estoques precisam ter seu valor recuperável determinado pelo menos uma vez por ano, enquanto o ativo imobilizado só precisa ter seu valor recuperável medido quando houver indício de perda. O item 12 do IAS 36 (CPC PME 27.9) relaciona um conjunto de circunstâncias que podem indicar que um item do ativo imobilizado (ou unidade geradora de caixa) tenha sofrido desvalorização, e classifica tais circunstâncias em dois grupos, conforme segue:

> Fontes externas de informação: (a) durante o período, o valor de mercado do ativo diminuiu significativamente, mais do que seria de se esperar como resultado da passagem do tempo ou do uso normal; (b) mudanças significativas com efeito adverso sobre a entidade ocorreram durante o período, ou ocorrerão em futuro próximo, no ambiente tecnológico, de mercado, econômico ou legal, no qual a entidade opera ou no mercado para o qual o ativo é utilizado; (c) as taxas de juros de mercado ou outras taxas de mercado de retorno sobre investimentos aumentaram durante o período, e esses aumentos provavelmente afetarão a taxa de desconto utilizada no cálculo do valor em uso de um ativo e diminuirão materialmente o valor recuperável do ativo; (d) o valor contábil do patrimônio líquido da entidade é maior do que o valor de suas ações no mercado.
>
> Fontes internas de informação: (e) evidência disponível de obsolescência ou de dano físico de um ativo; (f) mudanças significativas, com efeito adverso sobre a entidade, ocorreram durante o período, ou devem ocorrer em futuro próximo, na extensão pela qual, ou na maneira na qual, um ativo é ou será utilizado. Essas mudanças incluem o ativo que se torna inativo ou ocioso, planos para descontinuidade ou reestruturação da operação à qual um ativo pertence, planos para baixa de ativo antes da data anteriormente esperada e reavaliação da vida útil de ativo como finita ao invés de indefinida; (g) evidência disponível, proveniente de relatório

interno, que indique que o desempenho econômico de um ativo é ou será pior que o esperado [IAS 36, item 12].

Outra diferença é o fato de que o valor recuperável do ativo financeiro e o do estoque só podem ser estimados mediante um critério, isto é, valor esperado de realização (ativo financeiro) e preço de venda menos custos para completar e vender (estoque), ao passo que o valor recuperável do ativo imobilizado é determinado pelo maior entre dois valores: o valor realizável líquido (o mesmo que *valor justo líquido de despesa de venda*, conforme definido no item 6 do IAS 36) e o valor em uso.

Os itens 25 a 29 do IAS 36 apresentam orientações para se determinar o valor justo menos despesa de venda, enquanto os itens 30 a 57 orientam a determinação do valor em uso.

Exemplo 10 – Teste de recuperabilidade, não reconhecimento da perda

As circunstâncias são as mesmas do exemplo 6. Entretanto, neste exemplo, em 1º de janeiro de 20X4, quando o equipamento de radioterapia já estava mensurado pelo valor contábil de $ 1.466.250, isto é, custo de aquisição ($ 1.955.000) menos depreciação acumulada (20X1, 20X2 e 20X3) de $ 488.750, a administração da Clínica Radiológica 137 identificou avanços recentes na tecnologia de medicina nuclear que sugerem que seu equipamento de radioterapia esteja ficando obsoleto. Então estimou em relação a esse equipamento:

- valor justo: $ 1.500.000;
- despesas de venda: $ 400 mil;
- vida útil remanescente: seis anos;
- quantidade de serviços de radioterapia que esse equipamento é capaz de prestar por ano: 3.600;
- preço médio dos serviços a serem prestados: $ 180;
- custo variável e direto médio desses serviços: $ 80;
- taxa de juros livre de risco: 10% ao ano.

Independentemente do pronunciamento contábil adotado pela entidade (IAS 16 ou CPC PME), a Clínica Radiológica 137 utilizaria essas estimativas para determinar o valor recuperável do equipamento, que é o maior entre:

- valor justo líquido de despesa de venda: $ 1.100.000, isto é, valor justo ($ 1.500.000) menos despesas para vender ($ 400 mil);
- valor em uso: $ 1.567.893,85, ou seja, valor presente do fluxo de caixa líquido anual de $ 360 mil, isto é, 3.600 serviços prestados multiplicados pelo preço unitário de $ 180 menos os custos marginais de $ 80, ao longo dos próximos seis anos de vida útil remanescente do ativo, descontado pela taxa de juros livre de risco de 10% ao ano.

Com uma calculadora financeira, como a HP12C, poder-se-ia calcular o valor presente mediante os seguintes passos: clique em (ON) para ligar a máquina, limpe a memória (f) (CLX) e informe: 360000 (CHS) (PMT), 6 (n), 10 (i), e peça para calcular o valor presente (PV). Com o Excel da Microsoft (ou Numbers do MAC), dever-se-ia utilizar a função financeira VP, em que 10% é a taxa (taxa periódica, no Numbers); 6 é o nper (núm-períodos, no Numbers); e 360 mil é o pagamento. Nesse caso não há necessidade de informar qualquer valor para valor futuro nem vencimento.

Portanto, o valor recuperável do equipamento seria apurado em $ 1.567.893,85 (isto é, o maior entre os dois valores), portanto, a Clínica Radiológica 137 não deveria reconhecer qualquer perda por irrecuperabilidade nessa data; afinal, o valor recuperável é maior que o valor contábil.

Independentemente do não reconhecimento de qualquer perda relativa à recuperabilidade do valor contábil do equipamento, a administração da entidade deveria revisar o montante da estimativa para descarte do equipamento; afinal, a previsão de data de seu descarte foi antecipada em três anos.

Exemplo 11 – Teste de recuperabilidade, reconhecimento da perda

As circunstâncias são as mesmas do exemplo 10. Entretanto, neste exemplo, em 1º de janeiro de 20X4, a administração da Clínica Radiológica 137 estimou em relação a esse equipamento:

- valor justo: $ 1.500.000;
- despesas de venda: $ 400 mil;
- vida útil remanescente: seis anos;
- quantidade de serviços de radioterapia que esse equipamento é capaz de prestar por ano: 3.600;
- preço médio dos serviços a serem prestados: $ 160;
- custo variável e direto médio desses serviços: $ 80;
- taxa de juros livre de risco: 10% ao ano.

SOLUÇÃO

Independentemente do pronunciamento contábil adotado pela entidade [IAS 16 ou CPC PME], a Clínica Radiológica 137 utilizaria essas estimativas para determinar o valor recuperável do equipamento, que é o maior entre:

- valor justo líquido de despesa de venda: $ 1.100.000, isto é, valor justo [$ 1.500.000] menos despesas para vender [$ 400 mil];
- valor em uso: $ 1.254.315,08, ou seja, valor presente do fluxo de caixa líquido anual de $ 288 mil, isto é, 3.600 serviços prestados multiplicados pela diferença entre preço unitário de $ 160 e os custos marginais de $ 80, ao longo dos próximos seis anos de vida útil remanescente do ativo, descontado pela taxa de juros livre de risco de 10% ao ano.

Portanto, o valor recuperável do equipamento seria apurado em $ 1.254.315,08, isto é, o maior entre os dois valores. A Clínica Radiológica 137 deveria, então, reconhecer a perda por irrecuperabilidade, nessa data, no valor de $ 211.934,92; afinal, o valor contábil excede o valor recuperável nesse montante.

Logo, em 1º de janeiro de 20X4, a Clínica Radiológica 137 deveria fazer o seguinte lançamento contábil:

| | | |
|---|---|---|
| D | Despesa – perda por irrecuperabilidade de item imobilizado, resultado | 211.934,92 |
| C | Perda acumulada – equipamento de radioterapia, ativo imobilizado (conta redutora) | 211.934,92 |
| Histórico: 1º de janeiro de 20X4, perda por redução ao valor recuperável do equipamento de radioterapia, sendo a obsolescência tecnológica o indício de perda. | | |

Dessa forma, em 1º de janeiro de 20X4, o valor contábil do equipamento seria $ 1.254.315,08 isto é, custo de aquisição ($ 1.955.000) menos depreciação acumulada ($ 488.750), menos perda acumulada ($ 211.934,92).

Adicionalmente, a administração da entidade deveria revisar o montante da estimativa para descarte do equipamento; afinal, a previsão de data de seu descarte foi antecipada em três anos.

Uma vez que a perda seja reconhecida, a despesa de depreciação do ativo "deve ser ajustada em períodos futuros para alocar o valor contábil revisado do ativo, menos seu valor residual (se houver), em base sistemática ao longo de sua vida útil remanescente" (IAS 36.63).

Exemplo 12 – Perda por irrecuperabilidade, depreciação subsequente

As circunstâncias são as mesmas do exemplo 11. Entretanto, neste exemplo, em 1º de janeiro de 20X4, a administração da Clínica Radiológica 137 também estimou o novo valor residual do equipamento, que foi de $ 50 mil (isto é, valor esperado de venda ao final da vida útil).

SOLUÇÃO

Independentemente do pronunciamento contábil adotado pela entidade (IAS 16 ou CPC PME), a Clínica Radiológica 137 deveria calcular o novo valor de depreciação anual do equipamento de radioterapia a ser reconhecido a partir do momento em que a perda por desvalorização foi reconhecida. A perda por desvalorização (ou perda por irrecuperabilidade, perda por redução ao valor recuperável) foi reconhecida em 1º de janeiro de 20X4. Veja o Exemplo 11.

Portanto, em 31 de dezembro de 20X4, a Clínica Radiológica 137 reconheceria a despesa de depreciação pelo valor de $ 200.719,18, isto é, (valor contábil, em 1º de janeiro de 20X4, de $ 1.254.315,08 menos novo valor residual de $ 50 mil) ÷ seis anos de vida útil remanescente apurada em 1º de janeiro de 20X4.

Logo, em 31 de dezembro de 20X4, a Clínica Radiológica 137 deveria fazer o seguinte lançamento contábil:

| | | |
|---|---|---|
| D | Custos dos serviços de radioterapia prestados - depreciação, resultado | 200.719,18 |
| C | Depreciação acumulada - equipamento de radioterapia, ativo imobilizado (conta redutora) | 200.719,18 |
| Histórico: 31 de dezembro de 20X4, depreciação do equipamento de radioterapia pelo método da linha reta (cotas constantes). | | |

Dessa forma, em 31 de dezembro de 20X4, o valor contábil do equipamento de radioterapia seria $ 1.053.595,90, isto é, custo de aquisição ($ 1.955.000) menos depreciação acumulada ($ 689.469,18), menos perda acumulada ($ 211.934,92).

Os itens 109 a 125 do IAS 36 tratam da reversão da perda por irrecuperabilidade reconhecida em períodos anteriores para itens do ativo imobilizado quando houver indicação de que tal perda não mais exista ou tenha diminuído. O IAS 36.111 apresenta alguns possíveis indícios de que a perda reconhecida em períodos anteriores tenha diminuído ou não mais exista.

Fontes externas de informação: (a) o valor de mercado do ativo tenha aumentado significativamente durante o período; (b) mudanças significativas, com efeito favorável sobre a entidade, tenham ocorrido durante o período, ou ocorrerão em futuro próximo, no ambiente tecnológico, de mercado, econômico ou legal no qual ela opera ou no mercado para o qual o ativo é destinado; (c) as taxas de juros de mercado ou outras taxas de mercado de retorno sobre investimentos tenham diminuído durante o período, e essas diminuições possivelmente tenham afetado a taxa de desconto utilizada no cálculo do valor em uso do ativo e aumentado seu valor recuperável materialmente. Fontes internas de informação: (d) mudanças significativas, com efeito favorável sobre a entidade, tenham ocorrido durante o período, ou se espera que ocorram em futuro próximo, na extensão ou na maneira por meio da qual o ativo é utilizado ou se espera que seja utilizado. Essas mudanças incluem custos incorridos durante o período para melhorar ou aprimorar o desempenho do ativo ou para reestruturar a operação à qual o ativo pertence; (e) há evidência disponível, advinda dos relatórios internos, que indica que o desempenho econômico do ativo é ou será melhor do que o esperado [IAS 36.111].

Identificando-se qualquer desses indícios, o valor recuperável deve ser estimado e, se esse for maior que o valor contábil, a perda reconhecida em períodos anteriores deve ser revertida até o limite que não exceda "o valor contábil que teria sido determinado (líquido de depreciação, amortização ou exaustão), caso nenhuma perda por desvalorização tivesse sido reconhecida para o ativo em anos anteriores" (IAS 36.117), devendo tal reversão "ser reconhecida imediatamente no resultado do período" (IAS 36.119).

Exemplo 13 – Reversão da perda reconhecida em períodos anteriores

As circunstâncias são as mesmas do exemplo 12. Entretanto, neste exemplo, em 1º de janeiro de 20X8, quando o equipamento de radioterapia já estava mensurado pelo valor contábil de $ 451.438,36, isto é, custo de aquisição $ 1.955.000 menos depreciação acumulada (20X1-20X7) de $ 1.291.626,72, menos perda acumulada ($ 211.934,92), a administração da Clínica Radiológica 137 identificou que os avanços na tecnologia de medicina nuclear surgidos em 20X4 (veja o exemplo 10) causavam efeitos colaterais indesejáveis, fato que fez com que o valor de mercado de seu (antigo) equipamento de radioterapia aumentasse significativamente. Então estimou em relação a esse equipamento:

- valor justo: $ 545 mil;
- despesas de venda: $ 45 mil;
- vida útil remanescente: dois anos;
- quantidade de serviços de radioterapia que esse equipamento é capaz de prestar por ano: 3.600;
- preço médio dos serviços a serem prestados: $ 160;
- custo variável e direto médio desses serviços: $ 80;
- taxa de juros livre de risco: 10% ao ano.

SOLUÇÃO

Independentemente do pronunciamento contábil adotado pela entidade (IAS 16 ou CPC PME), a Clínica Radiológica 137 utilizaria essas estimativas para determinar o novo valor recuperável do equipamento, que é o maior entre:

- valor justo líquido de despesa de venda: $ 500 mil, isto é, valor justo ($ 545 mil) menos despesas para vender ($ 45 mil);
- valor em uso: $ 499.834,71, ou seja, valor presente do fluxo de caixa líquido anual de $ 288 mil, isto é, 3.600 serviços prestados multiplicados pela diferença entre o preço unitário de $ 160 e os custos marginais de $ 80, ao longo dos próximos dois anos de vida útil remanescente do ativo, descontado pela taxa de juros livre de risco de 10% ao ano.

Portanto, o valor recuperável do equipamento seria apurado em $ 500 mil, isto é, o maior entre os dois valores. Consequentemente, a Clínica Radiológica 137 deveria reconhecer a reversão da perda por irrecuperabilidade nessa data, por um montante limitado ao saldo de perda acumulada, isto é, $ 211.934,92, e que não exceda o valor contábil que teria sido determinado para esse equipamento (líquido de depreciação acumulada), caso nenhuma perda por desvalorização tivesse sido reconhecida para o ativo em anos anteriores.

O hipotético valor contábil desse equipamento, caso nunca houvesse sido reconhecida qualquer perda por irrecuperabilidade, seria, em 1º de janeiro de 20X8, de $ 814.583,33, isto é, custo de aquisição ($ 1.955.000) menos hipotética depreciação acumulada de 20X1 a 20X7 no montante de $ 1.140.416,67, sendo o valor anual da depreciação igual a $ 162.916,67. Veja o exemplo 6.

Sabendo-se que o valor recuperável ($ 500 mil) é menor que o hipotético valor contábil ($ 814.583,33), a entidade deve reverter a perda por irrecuperabilidade inicialmente reconhecida em 20X4 até o limite do valor recuperável, desde que esse montante seja menor ou igual ao saldo da perda acumulada ($ 211.934,92). Portanto, em 1º de janeiro de 20X8, a Clínica Radiológica 137 deveria reverter $ 48.561,44 da perda reconhecida em períodos anteriores, isto é, $ 500 mil menos $ 451.438,36, montante que é menor que o saldo da perda acumulada, isto é, $ 211.934,92, e que não aumenta o valor contábil do equipamento a montante maior que seu valor contábil hipotético caso nunca houvesse sido reconhecida qualquer perda por irrecuperabilidade. A entidade poderia reconhecer o seguinte lançamento contábil:

| | | |
|---|---|---|
| D | Perda acumulada – equipamento de radioterapia, ativo imobilizado (conta redutora) | 48.561,44 |
| C | Despesa (reversão) – perda por irrecuperabilidade de item imobilizado, resultado | 48.561,44 |
| Histórico: 1º de janeiro de 20X8, reversão parcial da perda por redução ao valor recuperável do equipamento de radioterapia reconhecida em 20X4. | | |

Dessa forma, em 31 de dezembro de 20X8, o valor contábil do equipamento de radioterapia seria $ 500 mil, isto é, custo de aquisição ($ 1.955.000) menos depreciação acumulada ($ 1.291.626,72), menos o saldo remanescente da perda acumulada ($ 163.373,48); portanto, menor que o hipotético valor contábil, que teria sido apurado caso em anos anteriores nenhuma perda tivesse sido reconhecida em relação a esse equipamento ($ 814.583,33).

Uma vez que a perda seja revertida, a despesa de depreciação do ativo "deve ser ajustada em períodos futuros para alocar o valor contábil revisado do ativo, menos seu valor residual (se houver), em base sistemática ao longo de sua vida útil remanescente" (IAS 36.121).

Exemplo 14 – Reversão da perda por irrecuperabilidade, depreciação subsequente

As circunstâncias são as mesmas do exemplo 13. Entretanto, neste exemplo, em 1º de janeiro de 20X8, a administração da Clínica Radiológica 137 também estimou o novo valor residual do equipamento, que foi aumentado para $ 160 mil.

SOLUÇÃO

Independentemente do pronunciamento contábil adotado pela entidade (IAS 16 ou CPC PME), a Clínica Radiológica 137 deveria calcular o novo valor de depreciação anual do equipamento de radioterapia a ser reconhecido a partir do momento em que a perda por desvalorização foi revertida. Portanto, em 31 de dezembro de 20X8, a Clínica Radiológica 137 reconheceria a despesa de depreciação pelo valor de $ 170 mil, isto é, valor contábil em 1º de janeiro de 20X8 ($ 500 mil) menos novo valor residual ($ 160 mil) ÷ dois anos de vida útil remanescente apurada em 1º de janeiro de 20X8.

Logo, em 31 de dezembro de 20X8, a Clínica Radiológica 137 deveria fazer o seguinte lançamento contábil:

| | | |
|---|---|---|
| D | Custos dos serviços de radioterapia prestados – depreciação, resultado | 170.000 |
| C | Depreciação acumulada – equipamento de radioterapia, ativo imobilizado (conta redutora) | 170.000 |
| Histórico: 31 de dezembro de 20X8, depreciação do equipamento de radioterapia pelo método da linha reta (cotas constantes). | | |

Dessa forma, em 31 de dezembro de 20X8, o valor contábil do equipamento de radioterapia seria $ 330 mil, isto é, custo de aquisição ($ 1.955.000) menos depreciação acumulada ($ 1.461.626,72), menos perda acumulada ($ 163.373,28).

Os procedimentos para testar a recuperabilidade e mensurar a perda por irrecuperabilidade (e sua reversão) para uma unidade geradora de caixa são muito semelhantes aos apresentados neste capítulo em relação a um ativo. Entretanto, quando se estima o valor recuperável para uma unidade geradora de caixa é necessário alocar o valor da perda (ou de sua reversão) aos elementos componentes da unidade geradora de caixa na seguinte ordem:

> (a) primeiramente, para reduzir o valor contábil de qualquer ágio por expectativa de rentabilidade futura (*goodwill*) alocado à unidade geradora de caixa (grupo de unidades); e (b) a seguir, aos outros ativos da unidade (grupo de unidades) proporcionalmente ao valor contábil de cada ativo da unidade (grupo de unidades). [Entretanto] a entidade não deve reduzir o valor contábil de um ativo abaixo do valor mais alto na comparação entre: (a) seu valor justo líquido de despesas de venda (se puder ser determinado); (b) seu valor em uso (se puder ser determinado); e (c) zero. O valor da perda por desvalorização que de outra forma teria sido alocado ao ativo deve ser alocado proporcionalmente aos outros ativos da unidade (grupo de unidades) [IAS 36.104-105].

Por outro lado, "a reversão de perda por desvalorização para uma unidade geradora de caixa deve ser alocada aos ativos da unidade, exceto o ágio por expectativa de rentabilidade futura (*goodwill*), proporcionalmente ao valor contábil desses ativos" (IAS 36.122). [Entretanto,]

> o valor contábil de um ativo não deve ser aumentado acima do menor dos parâmetros a seguir: (a) seu valor recuperável (se este puder ser determinado); e (b) o valor contábil que teria sido determinado (líquido de depreciação, amortização ou exaustão), se a perda por desvalorização não tivesse sido reconhecida em anos anteriores. O valor da reversão da perda por desvalorização, que seria de outra forma alocado ao ativo, deve ser alocado de forma proporcional aos outros ativos da unidade, exceto para o ágio por expectativa de rentabilidade futura (*goodwill*). [Sabendo-se que] a perda por desvalorização reconhecida para o ágio por expectativa de rentabilidade futura (*goodwill*) não deve ser revertida em período subsequente [IAS 36.122-124].

### *Especificidades do CPC PME*

Em conformidade com o CPC PME, a entidade só deve revisar as estimativas relevantes ao cálculo da depreciação quando houver indícios de que houve mudança no valor residual, na vida útil (item 17.19) ou nos padrões pelos quais a entidade espera consumir os benefícios futuros do ativo (item 17.23).

### *Reavaliação*

O IAS 16 e a seção 17 do CPC PME permitem a reavaliação do ativo imobilizado; entretanto, a legislação brasileira (Lei nº

6.404/1976) proíbe a reavaliação por parte das empresas. Não vamos detalhar esse assunto.

Contudo, é pertinente observar que, no setor público, a Secretaria do Tesouro Nacional, órgão central da contabilidade governamental no âmbito federal e competente para emitir normas contábeis a serem adotadas por todos os estados e municípios brasileiros para fins de consolidação do balanço do setor público nacional, exorta todos os entes a reavaliarem periodicamente os itens do ativo imobilizado (veja o capítulo 7 da parte 2 do Manual de Contabilidade Aplicada ao Setor Público (STN, 2014).

## Momento e critérios de baixa

Conforme o IAS 16.67, "o valor contábil de um item do ativo imobilizado deve ser baixado: (a) por ocasião de sua alienação; ou (b) quando não há expectativa de benefícios econômicos futuros com a sua utilização ou alienação". Em outras palavras, a entidade deve baixar um item do ativo imobilizado quando o vende ou quando o abandona.

A entidade deve reconhecer o ganho ou a perda decorrente da baixa no resultado do período em que a baixa ocorrer; tal ganho ou perda deve ser determinado "pela diferença entre o valor líquido da alienação, se houver, e o valor contábil do item" (IAS 16.77).

### Exemplo 15 – Baixa por alienação

As circunstâncias são as mesmas do exemplo 14. Entretanto, neste exemplo, em 1º de janeiro de 20X9, a administração da Clínica Radiológica 137 vendeu seu equipamento de radioterapia por $ 400 mil, à vista. Nessa transação, incorreu em despesas de venda (por exemplo, desinstalação e procedimentos de segurança exigidos pela autoridade supervisora às atividades que envolvem o uso de material radioativo) no montante de $ 40 mil, à vista.

SOLUÇÃO

Independentemente do pronunciamento contábil adotado pela entidade (IAS 16 ou CPC PME), a Clínica Radiológica 137 deve reconhecer a baixa do equipamento de radioterapia no momento de sua alienação. Portanto, em 1º de janeiro de 20X9, a Clínica Radiológica 137 reconheceria o ganho de $ 30 mil, isto é, valor líquido de alienação $ 360 mil (apurado pela diferença entre preço de venda ($ 400 mil) e as despesas de venda ($ 40 mil)) menos o valor contábil em 31 de dezembro de 20X8 ($ 330 mil). Veja o exemplo 14.

Logo, em 1º de janeiro de 20X9, a Clínica Radiológica 137 deveria fazer o seguinte lançamento contábil:

| | | |
|---|---|---|
| D | Caixa e equivalentes de caixa, ativo circulante | 360.000,00 |
| D | Depreciação acumulada – equipamento de radioterapia, ativo imobilizado (conta redutora) | 1.461.626,72 |
| D | Perda acumulada – equipamento de radioterapia, ativo imobilizado (conta redutora) | 163.373,28 |
| C | Equipamento de radioterapia, ativo imobilizado | 1.955.000,00 |
| C | Ganho na alienação de itens do ativo imobilizado, resultado | 30.000,00 |
| Histórico: 1º de janeiro de 20X9, venda à vista por $ 400 mil do equipamento de radioterapia cujo valor contábil era $ 330 mil; tendo-se incorrido em despesas de venda no montante de $ 40 mil. | | |

Além disso, a administração da Clínica Radiológica 137 deveria providenciar a desinstalação, remoção do equipamento e a restauração do local onde ele estava instalado, conforme regulação aplicável. Os gastos incorridos para tanto deveriam ser reconhecidos como realização da provisão reconhecida inicialmente em 31 de dezembro de 20X0 pelo montante de $ 300 mil, que corresponde ao valor presente da estimativa inicial naquela data (ver exemplo 2). Anualmente, desde 20X1, a Clínica Radiológica deveria ter capitalizado juros para manter o saldo da provisão a valor presente, em contrapartida de despesa financeira no resultado do período.

A entidade determinada a vender um item de ativo imobilizado deve, antes de efetuar a venda, aplicar o IFRS 5 – Non-Current

Assets Held for Sale and Discontinued Operations (que corresponde ao CPC 31 e à NBC TG 31).

Os itens 6 e 7 do IFRS 5 estabelecem as circunstâncias nas quais a entidade deve classificar o ativo imobilizado que pretende vender como *ativo não circulante mantido para venda*. O item 6 foca na recuperabilidade do valor contábil do ativo em questão:

> A entidade deve classificar um ativo não circulante como mantido para venda se o seu valor contábil vai ser recuperado, principalmente, por meio de transação de venda em vez do uso contínuo [IFRS 5.6].

O item 7 foca na probabilidade de a entidade efetivamente vender o ativo:

> Para que esse seja o caso, o ativo ou o grupo de ativos mantido para venda deve estar disponível para venda imediata em suas condições atuais, sujeito apenas aos termos que sejam habituais e costumeiros para venda de tais ativos mantidos para venda. Com isso, a sua venda deve ser altamente provável [IFRS 5.7].

O item 8 do IFRS 5 explica o termo probabilístico *altamente provável*:

> Para que a venda seja altamente provável, o nível hierárquico de gestão apropriado deve estar comprometido com o plano de venda do ativo, e deve ter sido iniciado um programa firme para localizar um comprador e concluir o plano. Além disso, o ativo mantido para venda deve ser efetivamente colocado à venda por preço que seja razoável em relação ao seu valor justo corrente. Ainda, deve-se esperar que a venda se qualifique como concluída em até um ano a partir da data da classificação, com exceção do que é permitido pelo item 9, e as ações necessárias para concluir o plano devem

indicar que é improvável que possa haver alterações significativas no plano ou que o plano possa ser abandonado.

Portanto, não basta a intenção de vender para que um item do ativo imobilizado seja classificado como *ativo não circulante mantido para venda*. A entidade precisa estar determinada a vendê-lo e já ter iniciado os esforços para tanto, além de necessitar ser crível que a venda será realizada no curto prazo.

Uma vez que essas condições tenham sido atendidas, o item é reclassificado do ativo imobilizado para o ativo circulante, em conta própria (ativo não circulante mantido para venda), sua depreciação cessa e ele deve ficar mensurado pelo menor valor entre seu valor contábil e o valor justo menos as despesas de venda.

### Exemplo 16 – Classificação como ativo não circulante mantido para venda

As circunstâncias são as mesmas do exemplo 14. Entretanto, neste exemplo, em 31 de dezembro de 20X9, após o reconhecimento da depreciação do equipamento de radioterapia relativa ao ano de 20X9, isto é, seu nono ano de uso, quando seu valor contábil era $ 160 mil, isto é, custo de aquisição ($ 1.955.000) menos depreciação acumulada de 20X1 a 20X9 ($ 1.631.626,72), menos perda acumulada ($ 163.373,28), a administração da Clínica Radiológica 137 decidiu pela venda do equipamento de radioterapia. Nessa data, a administração da clínica contratou uma empresa especializada no comércio desse tipo de equipamentos para buscar um comprador e auxiliá-la na desinstalação do equipamento e no cumprimento de todas as obrigações impostas pela autoridade supervisora às atividades que envolvem o uso de material radioativo. O valor justo do equipamento foi avaliado em $ 200 mil, e todos os custos para vender foram estimados em $ 45 mil (incluindo a comissão da empresa contratada). A administração da Clínica Radiológica 137 estima ser altamente provável que a venda ocorrerá nos próximos 12 meses.

SOLUÇÃO

A entidade que adota o IAS 16, como a Clínica Radiológica 137, deve reclassificar o equipamento de radioterapia do ativo imobilizado para o ativo circulante (em conta própria, ativo não circulante mantido para venda). Em 31 de dezembro de 20X9, o valor contábil do equipamento deve ser reduzido para $ 155 mil, isto é, seu valor justo ($ 200 mil) menos as despesas para vender ($ 45 mil). Portanto, nessa data, a clínica deveria fazer o seguinte lançamento contábil:

| | | |
|---|---|---|
| D | Ativo não circulante mantido para venda, ativo circulante | 155.000,00 |
| D | Depreciação acumulada – equipamento de radioterapia, ativo imobilizado (conta redutora) | 1.631.626,72 |
| D | Perda acumulada – equipamento de radioterapia, ativo imobilizado (conta redutora) | 163.373,28 |
| D | Despesa – perda por irrecuperabilidade de item do ativo imobilizado classificado como ativo não circulante mantido para venda, resultado | 5.000,00 |
| C | Equipamento de radioterapia, ativo imobilizado | 1.955.000,00 |
| Histórico: 31 de dezembro de 20X9, classificação do equipamento de radioterapia como ativo não circulante mantido para venda, estimam-se valor justo em $ 200 mil e despesas de venda no montante de $ 45 mil; seu valor contábil era $ 160 mil. | | |

Além disso, a administração da Clínica Radiológica 137 deveria providenciar a desinstalação, remoção do equipamento e a restauração do local onde ele estava instalado, conforme regulação aplicável. Os gastos incorridos para tanto deveriam ser reconhecidos como realização da provisão.

## Elaboração das demonstrações contábeis e notas explicativas

O conjunto completo de demonstrações contábeis de propósito geral é composto pelo balanço patrimonial (BP), demonstração do resultado do exercício (DRE), demonstração do resultado abrangente (DRA), demonstração dos fluxos de caixa (DFC), demonstração das mutações do patrimônio líquido (DMPL) e pelas notas explicativas (NE).

## Elaboração das demonstrações contábeis

Quanto ao balanço patrimonial, os itens do ativo imobilizado são apresentados no ativo não circulante, subgrupo ativo imobilizado. Entretanto, os itens classificados como ativo não circulante mantidos para venda devem ficar classificados no ativo circulante, em conta própria.

Quanto à demonstração do resultado do exercício, todas as variações patrimoniais decorrentes de transações com itens do ativo imobilizado são apresentadas na DRE. Portanto, nenhuma transação seria apresentada na DRA. Entretanto, se a reavaliação fosse permitida, seus efeitos seriam reconhecidos em "outros resultados abrangentes".

Quanto à demonstração dos fluxos de caixa, as transações com itens do ativo imobilizado são apresentadas como fluxo de caixa da atividade de investimento.

## Notas explicativas

Quanto ao ativo imobilizado diversas são as informações mínimas a serem divulgadas em notas explicativas. Tais informações são requeridas pelos itens 73 a 79 do IAS 16, itens 126 a 136 do IAS 36 e pelos itens 41 e 42 do IFRS 5. Para apresentar um breve resumo das informações requeridas pelo Full IFRS, relacionamos as informações mínimas requeridas pelo CPC PME 17.31-32 e 27.32, segundo o qual a entidade deve divulgar, para cada classe de ativo imobilizado:

- as bases de mensuração utilizadas para determinação do valor contábil bruto;
- os métodos de depreciação utilizados;
- as vidas úteis ou as taxas de depreciação utilizadas;
- o valor contábil bruto e a depreciação acumulada (somados às perdas acumuladas por redução ao valor recuperável de ativos) no início e no final do período de divulgação;
- a conciliação do valor contábil no início e no final do período de divulgação, demonstrando separadamente: (a) adições; (b) baixas; (c) aquisições por meio de combinação de negócios; (d) transferências para propriedade para investimento, caso a mensuração confiável de valor justo se torne disponível; (e) perdas por irrecuperabilidade reconhecidas ou revertidas no resultado; (f) depreciações; e (g) outras alterações;
- a existência e os valores contábeis dos ativos imobilizados para os quais a entidade tenha titularidade restrita ou que foram dados em garantia de passivos;
- os valores dos compromissos contratuais para aquisição de ativo imobilizado;
- o valor das perdas por desvalorização reconhecidas no resultado durante o período, e as contas da demonstração do resultado nas quais essas perdas por desvalorização foram incluídas;
- o valor das reversões de perdas por desvalorização reconhecidas no resultado durante o período, e as contas da demonstração do resultado nas quais essas perdas por desvalorização foram revertidas.

Além disso, para os itens classificados como ativo não circulante mantidos para venda conforme o IFRS 5.41, a entidade precisa divulgar: a descrição do ativo, a descrição dos fatos e das circunstâncias da venda ou que conduziram à alienação esperada, forma e cronograma esperados para a alienação, e a perda incorrida para reduzir seu valor contábil ao valor justo líquido da despesa para vender.

## Julgamentos e estimativas significativas na contabilização do ativo imobilizado

Transações com itens do ativo imobilizado envolvem diversos julgamentos e estimativas significativos por parte dos elaboradores e auditores das demonstrações contábeis de propósito geral. Entretanto, pelo fato de transações com itens do imobilizado serem naturalmente corriqueiras, muitas das vezes não percebemos a complexidade de alguns julgamentos, e decisões acabam sendo tomadas intuitivamente. Vejamos algumas.

- Decidir se determinado item de ativo satisfaz a definição de ativo imobilizado. Por exemplo: no setor de locação de veículos, a frota de veículos mantida para locação a terceiros e posterior venda deve ser classificada no ativo imobilizado?
- Decidir se (e a partir de qual momento) a entidade exerce controle sobre o ativo imobilizado.
- Mensurar o custo de aquisição, especialmente:
  - em compras financiadas, circunstância na qual é necessário determinar a taxa efetiva de juros;
  - quando há alteração no regime tributário, determinar se o imposto pago na aquisição será recuperável;
  - estimar os custos de desmontagem e remoção do item e de restauração do local no qual está localizado;
  - quando itens do imobilizado são produzidos ou construídos pela própria entidade.

- Determinar se uma transação de troca tem substância comercial; e, nesse caso, determinar o valor justo do ativo recebido e o valor justo do ativo entregue em troca.
- Estimar as variáveis relevantes à mensuração da depreciação: vida útil, valor residual e método de depreciação; e revisar essas estimativas periodicamente.
- Decidir se o item do ativo imobilizado deve ter sua depreciação determinada por peças componentes, ou se o item como um todo é que deve ser depreciado.
- Determinar em que circunstâncias terrenos classificados no ativo imobilizado são sujeitos a depreciação.
- Determinar se existe indício de que o ativo imobilizado tenha sofrido perda por desvalorização.
- Estimar as variáveis relevantes para determinação do valor recuperável, tanto do valor justo líquido de despesa de venda quanto do valor em uso.
- Decidir se o valor recuperável será determinado para cada item de ativo imobilizado separadamente ou por unidade geradora de caixa e, consequentemente, a adequada composição dessa unidade geradora de caixa.
- Julgamentos semelhantes ao do reconhecimento da perda por desvalorização também se aplicam à decisão para reverter a perda reconhecida em períodos anteriores.
- Avaliar se um item de ativo imobilizado que a entidade pretende vender atende às condições necessárias ao seu reconhecimento como ativo não circulante mantido para venda e, nesse caso, estimar seu valor justo menos despesas para vender.

Neste capítulo, estudamos a contabilização do ativo imobilizado, com ênfase em sua definição, nos requerimentos para seu reconhecimento e baixa, e nos critérios de mensurações inicial e subsequente. Ressaltamos que grande parte do conteúdo deste capítulo é também aplicável à contabilização da propriedade para investimento, do ativo biológico e do ativo intangível (temas dos três próximos capítulos). Buscando evitar repetições desnecessárias, ao longo dos próximos capítulos sugeriremos aos leitores que retornem a este, em particular à seção dedicada à mensuração subsequente do imobilizado.

No próximo capítulo estudaremos a contabilização da propriedade para investimento.

# 5
# Propriedade para investimento

O pronunciamento internacional que regulamenta a contabilização da propriedade para investimento é o IAS 40 – Investment Property, que corresponde ao CPC 28 e à NBC TG 28, o qual foi emitido em 2000 pelo Iasc, antiga denominação do Iasb. Ao longo desse período, o IAS 40 sofreu pequenas alterações decorrentes da revisão de diversos outros pronunciamentos.

## Conceitos gerais

No glossário do IFRS, especificamente o IAS 40, a propriedade para investimento é definida como

> a propriedade (terreno ou edifício – ou parte de edifício – ou ambos) mantida (pelo proprietário ou pelo arrendatário em arrendamento financeiro) para auferir aluguel ou para valorização do capital ou para ambas, e não para: (a) uso na produção ou fornecimento de bens ou serviços ou para finalidades administrativas; ou (b) venda no curso ordinário do negócio [IAS 40.5].

Observe que o terreno ou edifício mantido para venda no curso ordinário do negócio (item "b" da definição), deve ser classificado como estoque, não como propriedade para investimento. Portanto, contabilizado conforme apresentado no capítulo 3 deste livro.

Observe também que o terreno ou edifício mantido para uso na produção ou fornecimento de bens ou serviços ou para finalidades administrativas (item "a" da definição), deve ser classificado como ativo imobilizado, não como propriedade para investimento. Portanto, contabilizado conforme apresentado no capítulo 4 deste livro.

Mesmo assim, há aparente confusão entre as definições de ativo imobilizado e propriedade para investimento; afinal, conforme o IAS 16.8, o ativo tangível mantido para aluguel a outros deve ser classificado como ativo imobilizado. Entretanto, se tal item for terreno e/ou edifício, não será classificado no imobilizado, mas como propriedade para investimento.

Portanto, a definição de propriedade para investimento é extremamente restritiva; aplica-se somente a terrenos e edifícios mantidos para obter renda, seja mediante aluguel ou valorização imobiliária.

A diferença mais significativa nas práticas de contabilização do ativo imobilizado em relação à propriedade para investimento é que o primeiro (como apresentado no capítulo 4 deste livro) é mensurado pelo método do custo ou pelo método da reavaliação (que no Brasil é proibida), ao passo que a propriedade para investimento é mensurada pelo modelo do valor justo mediante resultado ou pelo método do custo (como apresentado nas próximas seções deste capítulo). Essa é uma livre escolha da administração da entidade.

## Momento e critérios de reconhecimento

Conforme o IAS 40.16, a propriedade para investimento deve ser reconhecida como ativo quando, e apenas quando: (a) for provável que os benefícios econômicos futuros associados à propriedade para investimento fluirão para a entidade; e (b) o custo da propriedade para investimento possa ser mensurado confiavelmente.

## Mensurações inicial e subsequente

### Mensuração inicial

A propriedade para investimento deve ser inicialmente mensurada pelo seu custo, inclusive seus custos de transação. Portanto,

> o custo de uma propriedade para investimento comprada compreende o seu preço de compra e qualquer dispêndio diretamente atribuível [...], por exemplo, as remunerações profissionais de serviços legais, impostos de transferência de propriedade e outros custos de transação [IAS 40.21].

Contudo, "se o pagamento de uma propriedade para investimento for a prazo, seu custo é o equivalente ao valor à vista. A diferença entre esta quantia e os pagamentos totais é reconhecida como despesa financeira durante o período do crédito" (IAS 40.24).

### Exemplo 1 – Mensuração inicial da propriedade para investimento

A administração da empresa Industrial Especulação Ltda. resolveu aplicar uma sobra de caixa na compra de um imóvel comercial com o intuito de receber aluguéis e obter a valorização do capital. Em 5 de junho de 20X1, a Industrial Especulação, por meio de uma corretora imobiliária, comprou o imóvel por $ 5 milhões à vista. Nessa transação, a Industrial Especulação incorreu em custos de transação: (a) corretagem cobrada pela corretora no valor total de $ 50 mil; (b) taxas e emolumentos cobrados pelo cartório que lavrou a escritura, $ 4 mil; (c) imposto de transmissão, $ 100 mil; e (d) taxa de registro da escritura de compra e venda no Registro Geral de Imóveis, $ 1 mil.

SOLUÇÃO

Independentemente de a Industrial Especulação adotar o CPC PME ou o IAS 40, a mensuração inicial das propriedades para investimento segue o mesmo critério: a propriedade para investimento deve ser inicialmente mensurada pelo seu custo, que compreende os custos de transação. Portanto, em 5 de junho de 20X1, na mensuração inicial dessa propriedade para investimento, a Industrial Especulação deve reconhecer o ativo pelo custo, isto é, $ 5.155 mil (ou seja, $ 5 milhões de preço de aquisição + $ 155 mil de custos de transação). Por conseguinte, deveria fazer o seguinte lançamento contábil:

| | | |
|---|---|---|
| D | Imóvel comercial, ativo não circulante, propriedade para investimento | 5.155.000 |
| C | Caixa e Equivalente de Caixa, ativo financeiro básico | 5.155.000 |
| Histórico: 5 de junho de 20X1, aquisição de imóvel comercial com o propósito de receber aluguéis e obter valorização do capital. Preço de aquisição $ 5 milhões mais custos de transação que totalizaram $ 155 mil. | | |

## Mensuração subsequente

De modo geral, a entidade deve escolher como sua política contábil ou o método do valor justo ou o método do custo, e deve aplicar essa política a todas as suas propriedades para investimento semelhantemente financiadas. Isso é uma livre escolha da administração da entidade.

É possível que a entidade altere o critério de mensuração de suas propriedades para investimento desde que a alteração resulte numa apresentação mais apropriada das operações, de outros acontecimentos ou condições. Entretanto, é altamente improvável que uma alteração do método do valor justo para o método do custo resulte numa apresentação mais apropriada.

### *Método do custo*

Caso a entidade opte por mensurar suas propriedades para investimento subsequentemente pelo método do custo, significa dizer que as propriedades para investimento serão mensuradas da mesma forma que os itens do ativo imobilizado, isto é, custo menos depreciação acumulada menos perda por irrecuperabilidade acumulada. Isso posto, sugerimos ao leitor que reveja a seção "Mensuração subsequente" do capítulo 4 deste livro.

A única diferença de tratamento contábil entre o ativo imobilizado e a propriedade para investimento mensurada subsequentemente pelo método de custo é que a entidade deve divulgar em notas explicativas o valor justo de suas propriedades para investimento mensuradas pelo método de custo (IAS 40.32).

### *Método do valor justo*

O valor justo é definido no IFRS 13, conforme explicado no capítulo 2 deste livro.

O Iasb sugere que

> a administração da entidade tome por base a avaliação de avaliador independente que tenha qualificação profissional relevante e reconhecida e que tenha experiência recente no local e na categoria da propriedade para investimento que esteja sendo avaliada [IAS 40.32].

O ganho ou a perda proveniente de alteração no valor justo de propriedade para investimento deve ser reconhecido no resultado do período em que ocorra.

Exemplo 2 – Mensuração subsequente de propriedade para investimento mensurada pelo método do valor justo – aumento de valor

As mesmas circunstâncias do exemplo 1. Entretanto, neste exemplo, considere que em 31 de dezembro de 20X1 tal imóvel comercial ainda esteja em carteira (isto é, ainda não tenha sido vendido pela empresa Industrial Especulação Ltda.) e que, nessa data, seu valor justo seja $ 5.200.000.

SOLUÇÃO

Considerando-se que a Industrial Especulação optou por mensurar sua propriedade para investimento pelo valor justo, e independentemente de adotar o CPC PME ou o IAS 40, em 31 de dezembro de 20X1 a entidade deverá reconhecer o acréscimo patrimonial de $ 45 mil, ou seja, 5.200.000 (novo valor justo) menos 5.155 mil (custo de aquisição), diretamente no resultado, como receita. Por conseguinte, deveria fazer o seguinte lançamento contábil:

| | | |
|---|---|---|
| D | Imóvel comercial, ativo não circulante, propriedade para investimento | 45.000 |
| C | Receita, resultado do período | 45.000 |
| Histórico: 31 de dezembro de 20X1, valorização do imóvel comercial (propriedade para investimento) adquirido em 5 de junho de 20X1 pelo custo total de $ 5.155.000, atualmente seu valor justo é estimado em $ 5.200.000. | | |

Exemplo 3 – Mensuração subsequente de propriedade para investimento mensurada pelo método do valor justo – redução de valor

As mesmas circunstâncias do exemplo 1. Entretanto, neste exemplo, considere que em 31 de dezembro de 20X1 o valor justo da propriedade para investimento seja estimado em $ 5.100.000.

SOLUÇÃO

Considerando-se que a Industrial Especulação opte por mensurar suas propriedades para investimento pelo método do valor justo, e independentemente de adotar o CPC PME ou o IAS 40, em 31 de dezembro de 20X1 a entidade deverá reconhecer a redução patrimonial de $ 55 mil, ou seja, 5.100.000 (novo valor justo) menos 5.155.000 (custo de aquisição), diretamente no resultado, como despesa. Por conseguinte, deveria fazer o seguinte lançamento contábil:

| | | |
|---|---|---|
| D | Despesa, resultado do período | 55.000 |
| C | Imóvel comercial, ativo não circulante, propriedade para investimento | 55.000 |
| Histórico: 31 de dezembro de 20X1, desvalorização do imóvel comercial (propriedade para investimento) adquirido em 5 de junho de 20X1 pelo custo total de $ 5.155.000, atualmente seu valor justo é estimado em $ 5.100.000. | | |

## Momento e critérios de baixa

A propriedade para investimento poderá ser transferida ou baixada.

### Da transferência

A transferência da propriedade para investimento para outra classe de ativo (ou vice-versa) ocorre quando há alteração no seu uso. Por exemplo; se a entidade passa a utilizar o prédio que antes era destinado a locação a terceiros, deverá transferir (reclassificar) o ativo de propriedade para investimento para imobilizado. Caso a administração da entidade resolva vender tal prédio, a partir do início de desenvolvimento com objetivo de venda, deverá transferi-lo para estoque (IAS 40.57).

Contudo, se "a entidade decidir alienar a propriedade para investimento sem desenvolvimento, ela continua a tratar a propriedade como propriedade para investimento até que seja baixada (eliminada da demonstração da posição financeira)" (IAS 40.58).

As propriedades para investimento mensuradas pelo método do custo, as transferências para imobilizado ou estoque "não alteram o valor contábil da propriedade transferida e não alteram o custo dessa propriedade para finalidades de mensuração ou divulgação" (IAS 40.59). Por outro lado, quando a propriedade para investimento mensurada pelo valor justo é transferida para imobilizado ou estoque, deve-se aplicar o critério do "valor justo como custo atribuído", isto é, o valor justo da propriedade para investimento na data da alteração de uso corresponde ao custo do imobilizado ou do estoque (IAS 40.60).

Exemplo 4 – Transferência de propriedade para investimento (mensurada pelo método do valor justo) para imobilizado

As mesmas circunstâncias do exemplo 3. Entretanto, neste exemplo, considere que em 1º de janeiro de 20X2 a administração da Industrial Especulação tenha decidido ocupar tal imóvel comercial com o propósito de estabelecer um ponto de venda. Nessa data, o valor justo daquele imóvel comercial é estimado em $ 5.100.000.

SOLUÇÃO

Independentemente de adotar o CPC PME ou o IAS 40, em 1º de janeiro de 20X2 a entidade deveria reconhecer a transferência do item de propriedade para investimento para imobilizado, pelo valor justo na data da transferência, isto é, 5.100.000. Por conseguinte, deveria fazer o seguinte lançamento contábil:

| | | |
|---|---|---|
| D | Imóvel de uso próprio, ativo não circulante, imobilizado | 5.100.000 |
| C | Imóvel comercial, ativo não circulante, propriedade para investimento | 5.100.000 |
| Histórico: 1º de janeiro de 20X2, alteração do uso do imóvel comercial (de propriedade para investimento, para imobilizado), item mensurado pelo valor justo; atualmente seu valor justo é estimado em $ 5.100.000. | | |

Até aqui vimos a transferência, para imobilizado ou estoque, de propriedade para investimento. Vejamos agora a transferência em direção contrária, isto é, de imobilizado ou estoque para propriedade para investimento.

Até a data em que o imóvel ocupado pelo proprietário (imobilizado) se torne propriedade para investimento mensurada pelo valor justo, a entidade o deprecia e reconhece quaisquer perdas por irrecuperabilidade que tenham ocorrido. Nessa data, qualquer diminuição resultante no valor contábil é reconhecida no resultado (IAS 40.62(a)). Por outro lado, qualquer aumento resultante no valor contábil é tratado como se segue.

- Até o ponto em que o aumento reverta perda por irrecuperabilidade acumulada dessa propriedade, o aumento é reconhecido no resultado. A quantia reconhecida no resultado não pode exceder a quantia necessária para repor o valor contábil por aquele que teria sido determinado (líquido de depreciação) caso nenhuma perda por irrecuperabilidade tivesse sido reconhecida.
- Qualquer parte remanescente do aumento é creditada diretamente no patrimônio líquido, em ajustes de avaliação patrimonial, como parte dos outros resultados abrangentes. (IAS 40.62(b))

### Exemplo 5 – Transferência de imobilizado para propriedade para investimento (mensurada pelo método do valor justo) – atualmente o valor justo é menor que o valor contábil

Em 1º de janeiro de 20X8 a administração da entidade Comercial Devagar Ltda. resolveu desocupar um dos imóveis comerciais onde funcionava uma de suas lojas e passou a alugar tal imóvel a terceiros.

Nessa data, o valor justo do imóvel é estimado em $ 6 milhões. Entretanto, em seu balanço patrimonial apurado em 31 de dezembro de 20X7, o valor contábil desse imóvel é $ 6.100.000, composto por:

(a) custo de aquisição = $ 7 milhões; (b) depreciação acumulada = $ 700 mil; e (c) perda por irrecuperabilidade acumulada = $ 200 mil.

SOLUÇÃO

Considerando-se que a Comercial Devagar opte por mensurar suas propriedades para investimento pelo método do valor justo, e independentemente de adotar o CPC PME ou o IAS 40, em 1º de janeiro de 20X8 a entidade deverá reconhecer a redução patrimonial de $ 100 mil, ou seja, $ 6.000.000 (valor justo) menos $ 6.100.000 (valor contábil) diretamente no resultado, como despesa. Por conseguinte, deverá fazer o seguinte lançamento contábil:

| | | |
|---|---|---|
| D | Despesa, resultado do período | 100.000 |
| D | Imóvel comercial, ativo não circulante, propriedade para investimento | 6.000.000 |
| C | Imóvel de uso próprio, ativo não circulante, imobilizado | 7.000.000 |
| D | Depreciação acumulada de imóvel de uso próprio, ativo não circulante, imobilizado (conta redutora) | 700.000 |
| D | Perda por irrecuperabilidade acumulada de imóvel de uso próprio, ativo não circulante, imobilizado (conta redutora) | 200.000 |
| Histórico: 1º de janeiro de 20X8, alteração do uso do imóvel comercial (de imobilizado, propriedade para investimento), item mensurado pelo valor justo; atualmente seu valor justo é estimado em $ 6 milhões, seu valor contábil era $ 6.100.000 antes da transferência. | | |

### Exemplo 6 – Transferência de imobilizado para propriedade para investimento (mensurada pelo método do valor justo) – atualmente o valor justo é maior que o valor contábil, ganho menor que saldo de impairment

As mesmas circunstâncias do exemplo 5. Entretanto, neste exemplo, considere que em 1º de janeiro de 20X8 o valor justo daquele imóvel comercial seja estimado em $ 6.250.000. Lembre-se de que no balanço patrimonial apurado em 31 de dezembro de 20X7, o valor contábil desse imóvel era $ 6.100.000, composto por: (a) custo de aquisição = $ 7 milhões; (b) depreciação acumulada = $ 700 mil; e (c) perda por irrecuperabilidade acumulada = $ 200 mil.

SOLUÇÃO

Considerando-se que a Comercial Devagar opte por mensurar suas propriedades para investimento pelo método do valor justo, e independentemente de adotar o CPC PME ou o IAS 40, em 1º de janeiro de 20X8 a entidade deverá reconhecer o aumento patrimonial de $ 150 mil, ou seja, $ 6.250.000 (valor justo) menos $ 6.100.000 (valor contábil), diretamente no resultado, como receita, pois esse montante é menor que o saldo da perda por irrecuperabilidade acumulada ($ 200 mil). Por conseguinte, deverá fazer o seguinte lançamento contábil:

| | | |
|---|---|---|
| C | Receita, resultado do período | 150.000 |
| D | Imóvel comercial, ativo não circulante, propriedade para investimento | 6.250.000 |
| C | Imóvel de uso próprio, ativo não circulante, imobilizado | 7.000.000 |
| D | Depreciação acumulada de imóvel de uso próprio, ativo não circulante, imobilizado (conta redutora) | 700.000 |
| D | Perda por irrecuperabilidade acumulada de imóvel de uso próprio, ativo não circulante, imobilizado (conta redutora) | 200.000 |
| Histórico: 1º de janeiro de 20X8, alteração do uso do imóvel comercial (de imobilizado, propriedade para investimento), item mensurado pelo valor justo; atualmente, seu valor justo é estimado em $ 6.250.000, seu valor contábil era $ 6.100.000 antes da transferência; o ganho é menor que o saldo de perda por irrecuperabilidade acumulada então existente. | | |

## Exemplo 7 – Transferência de imobilizado para propriedade para investimento (mensurada pelo método do valor justo) – atualmente o valor justo é maior que o valor contábil, ganho maior que saldo de impairment.

**As mesmas circunstâncias do exemplo 5. Entretanto, neste exemplo, considere que em 1º de janeiro de 20X8 o valor justo daquele imóvel comercial seja estimado em $ 6.320.000.**

SOLUÇÃO

Considerando-se que a Comercial Devagar opte por mensurar suas propriedades para investimento pelo método do valor justo, e independentemente de adotar o CPC PME ou Full IFRS, em 1º de janeiro de 20X8 a entidade deverá reconhecer o aumento patrimonial de

$ 220 mil, ou seja, $ 6.320.000 (valor justo) menos $ 6.100.000 (valor contábil), sendo parte diretamente no resultado e parte no patrimônio líquido. A parte reconhecida diretamente no resultado do período como receita é limitada ao valor do saldo da perda por irrecuperabilidade acumulada ($ 200 mil). O restante do acréscimo patrimonial, $ 20 mil, deve ser reconhecido em outros resultados abrangentes. Por conseguinte, deverá fazer o seguinte lançamento contábil:

| | | |
|---|---|---|
| C | Ajustes de avaliação patrimonial, outros resultados abrangentes | 20.000 |
| C | Receita, resultado do período | 200.000 |
| D | Imóvel comercial, ativo não circulante, propriedade para investimento | 6.320.000 |
| C | Imóvel de uso próprio, ativo não circulante, imobilizado | 7.000.000 |
| D | Depreciação acumulada de imóvel de uso próprio, ativo não circulante, imobilizado (conta redutora) | 700.000 |
| D | Perda por irrecuperabilidade acumulada de imóvel de uso próprio, ativo não circulante, imobilizado (conta redutora) | 200.000 |
| Histórico: 1º de janeiro de 20X8, alteração do uso do imóvel comercial (de imobilizado, propriedade para investimento), item mensurado pelo valor justo; atualmente seu valor justo é estimado em $ 6.320.000, seu valor contábil era $ 6.100.000 antes da transferência; o ganho excede o saldo de perda por irrecuperabilidade acumulada então existente em $ 20 mil (outros resultados abrangentes). | | |

Quando o imóvel for transferido de estoque para propriedade para investimento que seja mensurada pelo valor justo, qualquer diferença entre o valor justo nessa data e seu valor contábil anterior deve ser reconhecida no resultado (IAS 40.64).

## Da baixa

A propriedade para investimento deve ser baixada na alienação ou quando for permanentemente retirada de uso e nenhum benefício econômico for esperado de sua alienação.

O montante a ser recebido com a alienação de uma propriedade para investimento é inicialmente reconhecido pelo valor justo. Em particular, se o pagamento de uma propriedade para investimento for diferido, a contraprestação recebida é reconhecida inicialmente pelo equivalente ao preço à vista. A diferença entre a quantia nominal da contraprestação e o equivalente ao preço a dinheiro é reconhecida como receita de juros, usando-se o método do juro efetivo.

## Elaboração das demonstrações contábeis e notas explicativas

O conjunto completo de demonstrações contábeis de propósito geral é composto pelo balanço patrimonial (BP), demonstração do resultado do exercício (DRE), demonstração do resultado abrangente (DRA), demonstração dos fluxos de caixa (DFC), demonstração das mutações do patrimônio líquido (DMPL) e pelas notas explicativas (NE).

### Elaboração das demonstrações contábeis

Quanto ao balanço patrimonial, os itens do ativo investimento são apresentados no ativo não circulante, subgrupo investimentos. Entretanto, os itens classificados como ativo não circulante mantidos para venda devem ficar classificados no ativo circulante, em conta própria.

Quanto à demonstração do resultado do exercício, praticamente todas as variações patrimoniais decorrentes de transações com propriedades para investimento são apresentadas na DRE. A exceção fica por conta do ganho na transferência de imobilizado para propriedade para investimento que excede o montante da perda por irrecuperabilidade acumulada, o qual deve ser reconhecido em outros resultados abrangentes e, portanto, apresentado na DRA.

Na demonstração dos fluxos de caixa, as transações com itens de propriedade para investimento são apresentadas como fluxo de caixa da atividade de investimento.

## Notas explicativas

O IAS 40 exige uma diversidade de itens de divulgação mínima. Aqui apresentamos os elementos que o CPC PME exige que as entidades divulguem, no mínimo, em relação a suas propriedades para investimento.

De acordo com o CPC PME, se a entidade mensurar a propriedade para investimento pelo método do custo, deve divulgar, no mínimo, os mesmos itens exigidos para o ativo imobilizado, além do valor justo da propriedade para investimento.

Por outro lado, para todas as propriedades para investimento contabilizadas pelo valor justo reconhecidas no resultado do período, a entidade deve divulgar:

- os métodos e pressupostos significativos aplicados na determinação do valor justo da propriedade para investimento. Nesse sentido, é necessário verificar as exigências de divulgação que constam no IFRS 13;
- a existência e os montantes de restrições na realização da propriedade para investimento ou a remessa de rendimentos e valores de alienação;
- obrigações contratuais para comprar, construir ou desenvolver propriedade para investimento ou para consertos, manutenção ou melhoramento;

- conciliação entre as quantias escrituradas da propriedade para investimento no começo e no fim do período mostrando separadamente: (a) adições, divulgando separadamente aquelas adições resultantes de aquisições por meio de combinações de negócios; (b) ganhos líquidos de ajustes de valor justo; (c) transferências para ativos imobilizados quando a mensuração confiável de valor justo não está mais disponível sem custo ou esforço excessivo; (d) transferências de e para estoques e propriedade ocupada pelo proprietário; e (e) outras alterações.

## Julgamentos e estimativas significativas na contabilização de propriedades para investimento

Diversos são os julgamentos profissionais relevantes à contabilização de propriedades para investimento, a começar pela decisão quanto à classificação do imóvel como ativo e, em seguida, sua classificação como propriedade para investimento; as alternativas são estoque ou imobilizado.

Na mensuração inicial, a determinação do custo de aquisição pode envolver julgamentos relevantes. Por exemplo, no caso de compra financiada, é necessário estimar o equivalente ao valor à vista. Independentemente da forma de financiamento da compra, é necessário identificar os custos de transação incorridos na aquisição do imóvel.

Na mensuração subsequente, escolher entre o método do valor justo e o método de custo implica avaliar *ex ante* as consequências dessa escolha contábil.

Uma vez que se optou pela mensuração de acordo com o método do custo, aplicam-se à mensuração subsequente da propriedade para investimento basicamente os mesmos julgamentos profissionais relativos à mensuração subsequente do ativo imobilizado. Por conseguinte, sugere-se a leitura da seção "Julgamentos e estimativas significativas na contabilização do ativo imobilizado" do capítulo 4 deste livro. Além disso, é necessário atribuir o valor justo da propriedade para investimento, que nesse caso será divulgado em notas explicativas; portanto, também se aplicam os julgamentos relativos à determinação do valor justo.

Se a entidade optar pelo método do valor justo, talvez os principais julgamentos sejam relativos à determinação do valor justo. Sobre esses julgamentos, sugere-se a leitura do IFRS 13 (CPC 46).

Em caso de transferência de (ou para) propriedade para investimento para (ou de) estoque ou imobilizado, é necessário julgar se as circunstâncias preenchem os requisitos para o reconhecimento de tal transferência.

Neste capítulo, estudamos a contabilização da propriedade para investimento, com ênfase em sua definição, nos requerimentos para seu reconhecimento e baixa (inclusive as transferências de/para ativo imobilizado ou estoque) e nos critérios de mensurações inicial e subsequente. Contudo, para evitar repetições desnecessárias, sugerimos aos leitores interessados na mensuração subsequente da propriedade para investimento pelo método do custo que retornem ao capítulo 4. É interessante observar que a fronteira da classificação de um item entre estoque, imobilizado ou propriedade para investimento é, em alguns casos, tênue. Afinal, não é qualquer bem mantido para locação ou ganho de capital que devemos classificar como propriedade para investimento, mas somente os imóveis (terreno e/ou prédio) mantidos para esse fim.

No próximo capítulo, estudaremos a contabilização do ativo biológico.

# 6
# Ativo biológico

O pronunciamento internacional que regulamenta a contabilização do ativo biológico e dos produtos agrícolas é o IAS 41 – Agriculture, que corresponde ao CPC 29 e à NBC TG 29, o qual foi emitido em 2001 pelo Iasc, antiga denominação do Iasb. Ao longo desse período, o IAS 41 sofreu pequenas alterações decorrentes da revisão de diversos outros pronunciamentos; entretanto, a alteração mais significativa ocorreu em 2014, quando o Iasb criou a classificação *planta portadora*.

## Conceitos gerais

Para os fins do IAS 41, ativo biológico mantido na atividade agrícola é planta ou animal vivo utilizado no gerenciamento da transformação biológica (isto é, o processo de crescimento, degeneração, produção e procriação que causam mudanças qualitativa e quantitativa no ativo biológico) e da colheita de ativos biológicos para venda, conversão em produtos agrícolas (isto é, o produto colhido ou obtido de ativo biológico da entidade) ou em ativos biológicos adicionais para a entidade, desde que não seja uma planta portadora.

Planta portadora é uma planta viva que: (a) é utilizada na produção ou no fornecimento de produtos agrícolas; (b) é cultivada para produzir frutos por mais de um período; e (c) tem uma probabilidade remota de ser vendida como produto agrícola, exceto para eventual venda como sucata. Embora a planta portadora seja uma planta viva, não é contabilizada conforme o IAS 41, mas em conformidade com o IAS 16, ou seja, como ativo imobilizado.

O produto agrícola deve ser reconhecido no subgrupo estoques e somente na sua mensuração inicial (nascimento ou colheita) é que seu tratamento é equivalente aos ativos biológicos, ou seja, mensurado pelo valor justo. A partir desse ponto deve ser tratado em conformidade com o IAS 2. O reconhecimento do produto agrícola no estoques pode ocorrer por ser ele mesmo a mercadoria para revenda ou como matéria-prima de outros produtos.

Em decorrência, podemos citar alguns exemplos de ativo biológico e produto agrícola:

- na atividade de ovinocultura, o carneiro é classificado como ativo biológico; contudo, a lã extraída do animal será classificada como produto agrícola;
- na pecuária, o gado de corte e o leite são, respectivamente, classificados como ativo biológico e produto agrícola;
- na cultura da plantação de algodão, a planta é considerada ativo biológico, e o algodão colhido, produto agrícola;
- na fruticultura, a planta frutífera é o ativo biológico e a fruta colhida é o produto agrícola. Entretanto, se a planta frutífera for caracterizada como planta portadora não será contabilizada como ativo biológico, mas como imobilizado.

É importante considerar que o produto agrícola é obtido do ativo biológico não só por colheita, mas também pelo nascimento quando o objetivo for consumo ou venda imediatos. Por exemplo, se os cabritos que nascem são destinados à venda imediatamente ao nascimento, estes são produtos agrícolas, e as cabras, se destinadas à produção do leite, ativos biológicos. Ressaltamos que quando a venda do animal ocorre após alguma transformação biológica, por exemplo, crescimento e engorda, o mesmo deve ser mantido na classificação de ativo biológico e não de produto agrícola.

O pronunciamento ainda incentiva que a contabilidade classifique o ativo biológico em categorias quanto ao seu destino – se para consumo ou produção – e também quanto à sua condição de troca – se maduro ou imaturo. Por exemplo, animais que são destinados à reprodução ou à extração do leite são considerados ativos biológicos para produção, mas o gado destinado ao corte já é classificado como ativo biológico consumível. Estes, por sua vez, devem ser classificados como maduro ou imaturo. Quando um ativo biológico está pronto para o consumo ou para a produção a que ele foi destinado, é considerado maduro; do contrário, quando um ativo biológico não está pronto para seu destino, deve ser classificado como imaturo (em desenvolvimento). Adicionalmente, os ativos biológicos devem ser classificados como circulantes ou não circulantes, de acordo com o tempo previsto para sua condição de consumo ou produção ou ciclo operacional determinado.

É importante destacar que a planta ou animal vivo mantido para venda no curso ordinário do negócio deve ser classificado como estoque, se e somente se o negócio da entidade não envolver o gerenciamento da transformação biológica da planta ou animal, ou se essa atividade for incidental para a entidade. Esse é o caso de uma *pet shop*, que não cria filhotes, simplesmente os comercializa.

Observe também que a planta ou animal vivo mantido para uso na produção ou fornecimento de bens ou serviços ou para finalidades administrativas deve ser classificado como ativo imobilizado, se e somente se o negócio da entidade não envolver o gerenciamento da transformação biológica da planta ou animal, ou se essa atividade for incidental para a entidade. Esse é o caso de uma empresa de vigilância patrimonial que mantém cães de guarda, mas não os cria com o propósito de fazê-los reproduzir, simplesmente os utiliza na prestação de serviços. Do mesmo modo, uma empresa de decoração que mantém plantas vivas com o propósito de alugá-las a terceiros deve classificá-las como ativo imobilizado.

Portanto, a definição de ativo biológico é extremamente restritiva; aplica-se somente a seres vivos mantidos para o gerenciamento de sua transformação biológica e colheita de ativos biológicos para venda ou para conversão em produtos agrícolas ou em ativos biológicos adicionais, desde que as plantas não sejam classificadas como plantas portadoras.

## Momento e critérios de reconhecimento

Em consonância com as características fundamentais dos ativos preconizadas pela estrutura conceitual, a entidade deve reconhecer um ativo biológico ou produto agrícola somente quando: (a) controla o ativo como resultado de eventos passados; (b) for provável que benefícios econômicos futuros associados com o ativo fluirão para a entidade; e (c) o valor justo ou o custo do ativo puder ser mensurado confiavelmente (IAS 41.10). As condições normalmente são atendidas por ocasião da transferência da propriedade legal do animal e sua marcação no momento da aquisição, nascimento ou época de desmame (IAS 41.11).

## Mensurações inicial e subsequente

### Mensuração inicial dos ativos biológicos e produtos agrícolas

O ativo biológico deve ser mensurado no momento de reconhecimento pelo valor justo deduzido das despesas de venda no momento da mensuração (IAS 41.12).

O produto agrícola no ponto da colheita, extração ou nascimento deve ser mensurado inicialmente ao valor justo menos a despesa de venda (IAS 41.13). Este valor passa a ser o custo inicial do produto agrícola que, a partir de então, dará tratamento para sua mensuração conforme o IAS 2 – Estoques, ou outro pronunciamento aplicável.

Pode ocorrer perda no reconhecimento inicial de ativo biológico porque as despesas de venda são deduzidas na determinação do valor justo (IAS 41.27). Por outro lado, ganho pode originar-se no reconhecimento inicial de ativo biológico, como quando ocorre o nascimento do ativo biológico.

Exemplo 1 – Mensuração inicial do ativo biológico – adquirido

O Sítio RYC é empresa do agronegócio dedicada à produção de gado de corte. Em 1º de dezembro de 20X1, compra 500 cabeças jovens de gado, cuja massa era estimada em 300 quilos por cabeça, pelo custo de aquisição (que corresponder ao valor justo nessa data) de $ 6,80/quilo à vista. Nessa data, a administração do Sítio RYC estima as despesas para vender em $ 0,80/quilo.

SOLUÇÃO

Independentemente de o Sítio RYC adotar o CPC PME ou o IAS 41, a mensuração inicial do ativo biológico segue o mesmo critério: valor justo menos despesas para vender. Em 1º de dezembro de 20X1, a administração da entidade estima o valor justo menos despesas para vender em $ 6/quilo (ou seja, valor justo de $ 6,80/quilo – despesas para vender de $ 0,80/quilo). Portanto, nessa data, o Sítio RYC deve reconhecer o ativo pelo valor justo menos despesas para vender, isto é, $ 900 mil (ou seja, 500 cabeças de gado × 300 quilos por animal × $ 6/quilo). Sabendo-se que na aquisição o Sítio RYC desembolsou $ 1.020.000 (ou seja, 500 cabeças de gado × 300 quilos por cabeça × $ 6,80/quilo), a entidade precisará reconhecer uma perda no ato do reconhecimento no valor total de $ 120 mil, ou seja, custo de aquisição ($ 1.020.000) – valor da mensuração inicial ($ 900 mil). Por conseguinte, deverá fazer o seguinte lançamento contábil:

<table>
<tr><td>D</td><td>Gado jovem para corte, ativo não circulante, ativo biológico</td><td>900.000</td></tr>
<tr><td>D</td><td>Despesa, perda por ajuste a valor justo, resultado do período</td><td>120.000</td></tr>
<tr><td>C</td><td>Caixa e equivalente de caixa, ativo circulante</td><td>1.020.000</td></tr>
<tr><td colspan="3">Histórico: 31 de dezembro de 20X1, ajuste a valor justo ao ativo biológico (gado jovem para corte). Pode-se atribuir que parte desse acréscimo patrimonial é decorrente do processo de engorda e amadurecimento dos animais (em média 20 quilos/animal), que avaliado ao valor justo menos despesas para vender nesta data correspondem a $ 65 mil para todo o plantel (ou seja, 500 cabeças de gado × 20 quilos de engorda por cabeça × $ 6,50/quilo). O restante é atribuído à variação do valor justo do quilo do gado jovem no mercado relevante da entidade.</td></tr>
</table>

## Mensuração subsequente

O ativo biológico também deve ser mensurado subsequentemente pelo valor justo deduzido das despesas de venda no momento da mensuração (IAS 41.12), desde que não seja classificado como "planta portadora". Este ajuste terá como contrapartida o resultado do período.

As plantas portadoras devem ser mensuradas subsequentemente pelo método do custo menos depreciação acumulada e menos perda por irrecuperabilidade acumulada.

O pronunciamento IAS 41 estimula a empresa a segregar os ganhos ou perdas por natureza, ou seja, se decorrente de modificações nos atributos físicos ou se da variação do preço de mercado do ativo biológico.

### Exemplo 2 – Mensuração subsequente do ativo biológico

O Sítio RYC é empresa do agronegócio dedicada à produção de gado de corte. Em 1º de dezembro de 20X1, seu plantel era composto por 500 cabeças de gado jovem, cuja massa era estimada em 300 quilos por cabeça. Nessa data, o valor justo menos despesas para vender havia sido determinado em $ 6,00/quilo; portanto, o valor contábil desse ativo biológico era $ 900 mil.

Durante o mês de dezembro, nenhum animal nasceu ou foi abatido, de modo que em 31 de dezembro de 20X1 o Sítio RYC ainda mantinha 500 cabeças, cuja massa era estimada em 320 quilos por cabeça e o valor justo menos despesas para vender determinado em $ 6,50/quilo.

SOLUÇÃO

Independentemente de o Sítio RYC adotar o CPC PME ou o IAS 41, a mensuração subsequente do ativo biológico segue o mesmo critério: valor justo menos despesas para vender. Portanto, em 31 de dezembro de 20X1, na mensuração subsequente desse ativo biológico, o Sítio RYC deve reconhecer o ativo pelo valor justo menos despesas para vender, isto é, $ 1.040.000 (ou seja, 500 cabeças de gado × 320 quilos por cabeça × $ 6,50/quilo). Desse modo, deve reconhecer no resultado do período o ajuste a valor justo no montante de $ 140 mil, ou seja, $ 1.040.000 (novo valor justo) – $ 900 mil (valor contábil do ativo biológico). Por conseguinte, deve fazer o seguinte lançamento contábil:

| | | |
|---|---|---|
| D | Gado jovem para corte, ativo não circulante, ativo biológico | 140.000 |
| C | Receita, ganho ajuste a valor justo, resultado do período | 140.000 |
| Histórico: 31 de dezembro de 20X1, ajuste a valor justo ao ativo biológico (gado jovem para corte). Pode-se atribuir que parte desse acréscimo patrimonial é decorrente do processo de engorda e amadurecimento do gado (em média 20 quilos/cabeça), que avaliado ao valor justo menos despesas para vender nesta data correspondem à $ 65 mil para todo o plantel (ou seja, 500 cabeças de gado × 20 quilos de engorda por cabeça × $ 6,50/quilo). O restante, $ 75 mil, é atribuído à variação do valor justo do quilo do gado jovem no mercado relevante da entidade. | | |

O IAS 41 não trata da contabilização dos gastos com o cultivo do ativo biológico, isto é, alimentação, vacinação, manutenção e tudo o mais o que for necessário à transformação biológica do ativo biológico e colheita do produto agrícola ou ativo biológico adicional da entidade. Portanto, não há orientação indicando se as entidades devem reconhecer tais gastos como custos do ativo biológico ou diretamente como despesa no resultado do exercício. Entendemos que não há diferença prática na determinação da posição patrimonial nem na mensuração de seu desempenho econômico ou financeiro; afinal, no término do período, o ativo biológico é mensurado a valor justo menos despesas para vender, e qualquer variação em sua mensuração é reconhecida no resultado do período. Portanto, sugerimos que os gastos com alimentação e manutenção do ativo biológico sejam reconhecidos imediatamente no resultado do período como despesas. Esse entendimento é ancorado no exemplo ilustrativo 1 apresentado no IAS 41.

### Exemplo 3 – Gasto com manutenção, mensuração subsequente do ativo biológico e mensuração inicial do produto agrícola

O Sítio RYC é empresa do agronegócio dedicada à produção de gado de corte. Em 1º de dezembro de 20X1 seu plantel era composto por 500 cabeças de gado jovem, cuja massa era estimada em 300 quilos por cabeça. Nessa data, o valor justo menos despesas para vender havia sido determinado em \$ 6,00/quilo; portanto, o valor contábil desse ativo biológico era \$ 900 mil.

Durante o mês de dezembro, nasceram 10 novilhos, cujo valor justo menos despesas para vender foi determinado em \$ 1 mil/unidade. Além disso, foram abatidas 80 cabeças de gado jovem. A administração do Sítio RYC estima que o valor justo menos despesas para vender a carne e couro (produtos agrícolas) obtidos pelo abate (colheita) dessas 80 cabeças totalize o montante de \$ 250 mil.

Sabe-se que, durante esse mês, o Sítio RYC incorreu e pagou à vista pelos seguintes gastos de cultivo: ração, vacina e demais materiais consumidos = \$ 70 mil; mão de obra = \$ 100 mil.

Em 31 de dezembro de 20X1, a administração do Sítio RYC estimou que a massa corporal média do gado jovem era 320 quilos por cabeça, sendo o valor justo menos despesas para vender do gado jovem $ 6,50/quilo e o valor justo menos despesas para vender do novilho $ mil/unidade.

SOLUÇÃO

Os gastos incorridos com o cultivo podem ser reconhecidos imediatamente como despesas, mediante o seguinte lançamento contábil:

| | | |
|---|---|---|
| D | Despesa de cultivo do ativo biológico, resultado | 170.000 |
| C | Caixa e equivalente de caixa, ativo circulante | 170.000 |
| Histórico: 31 de dezembro de 20X1, despesas de cultivo pagas à vista, sendo materiais consumidos = $ 70 mil e mão de obra = $ 100 mil. | | |

Pelo nascimento dos 10 novilhos a entidade deve fazer o seguinte lançamento contábil:

| | | |
|---|---|---|
| D | Gado jovem para corte, ativo não circulante, ativo biológico | 10.000 |
| C | Receita, ganho ajuste a valor justo, resultado do período | 10.000 |
| Histórico: 31 de dezembro de 20X1, ganho com o nascimento de 10 novilhos, cujo valor justo menos despesas para vender foi estimado em $ mil/unidade. Esses novilhos serão mantidos pela entidade como ativos biológicos adicionais. | | |

Pelo abate de 80 cabeças e "colheita" do produto agrícola, isto é, carne e couro que serão destinados à venda, como estoque de mercadorias, a entidade deve fazer os seguintes lançamentos contábeis:

| | | |
|---|---|---|
| D | Carne e couro, ativo circulante, estoque de produtos agrícolas | 250.000 |
| D | Gados jovens para corte, ativo não circulante, ativo biológico | 144.000 |
| C | Receita, ganho ajuste a valor justo, resultado do período | 106.000 |
| Histórico: 31 de dezembro de 20X1, ganho com o abate de 80 cabeças e "colheita" do produto agrícola, cujo valor justo menos despesas para vender foi estimado em $ 250 mil. Esses produtos agrícolas serão mantidos pela entidade como estoque de mercadorias. | | |

Pela engorda do plantel e valorização do valor de mercado do quilo do gado jovem, a entidade deve fazer os seguintes lançamentos contábeis:

| | | |
|---|---|---|
| D | Gado jovem para corte, ativo não circulante, ativo biológico | 117.600 |
| C | Receita, ganho ajuste a valor justo, resultado do período | 117.600 |
| Histórico: 31 de dezembro de 20X1, ajuste a valor justo ao ativo biológico (gado jovem para corte). Pode-se atribuir que parte desse acréscimo patrimonial é decorrente do processo de engorda e amadurecimento do gado (em média 20 quilos/cabeça), que avaliado ao valor justo menos despesas para vender nesta data corresponde a $ 54.600 para as 420 cabeças remanescentes (ou seja, 420 cabeças de gado × 20 quilos de engorda por cabeça × $ 6,50/quilo). O restante, $ 63 mil, é atribuído à variação do valor justo do quilo do gado jovem no mercado relevante da entidade. | | |

A adoção do valor justo nas mensurações inicial e subsequente dos ativos biológicos não é uma opção. A adoção do método de custo só é permitida quando não houver condições e informações confiáveis sobre o valor justo do ativo (IAS 41.30).

A determinação do valor justo considera que há, para o ativo biológico em avaliação, uma cotação corrente, num mercado ativo na sua condição e localização atuais, sendo este o valor com que comprador e vendedor esperam operar.

Na ausência dessas condições, situações alternativas poderão ser adotadas para determinação do valor justo, como: (a) identificação de uma cotação mais recente, (b) preços de mercados de ativos similares e (c) padrões de cotação adotados pelo setor.

Contudo, podem existir situações em que a determinação do valor justo não seja confiável por se tratar de um ativo biológico que não tenha cotação ativa em um mercado ativo ou o ativo esteja em um ponto de sua curva que não tenha cotação de mercado atribuída. Nesses casos, e somente nesses casos, é que é permitida a adoção do valor de custo, deduzidas sua depreciação e perdas por irrecuperabilidade.

### Especificidades do CPC PME

Ressalte-se que no CPC PME não existe a taxonomia "planta portadora". Portanto, todos os ativos biológicos devem ser subsequentemente mensurados pelo método do valor justo menos custos para vender (CPC PME 34.4), salvo se seu valor justo não for prontamente determinável sem custo ou esforço excessivo, caso em que se deverá mensurá-lo pelo custo menos depreciação e quaisquer perdas por irrecuperabilidade acumuladas (CPC PME 34.8).

## Momento e critérios de baixa

O IAS 41 não faz nenhum comentário com relação ao momento ou critério de baixa do ativo biológico. Entretanto, entendemos que itens do ativo biológico devem ser baixados quando não mais satisfizerem a definição de ativo biológico nem de ativo (de modo geral). Na prática, a baixa de ativo biológico deve ocorrer quando de sua morte ou venda, enfim, quando a entidade não exercer mais o controle sobre o recurso, ou quando da colheita (abate), pois o recurso deixa de ser uma planta ou animal vivo, passando a ser um produto agrícola, o que é reconhecido como outra classe de ativo, normalmente como estoque.

## Elaboração das demonstrações contábeis e notas explicativas

### Elaboração das demonstrações contábeis

O conjunto completo de demonstrações contábeis de propósito geral é composto pelo balanço patrimonial (BP), demonstração do resultado do exercício (DRE), demonstração do resultado abrangente (DRA), demonstração dos fluxos de caixa (DFC), demonstração das mutações do patrimônio líquido (DMPL) e pelas notas explicativas (NE).

Quanto ao balanço patrimonial, os itens dos ativos biológicos são apresentados no ativo circulante ou não circulante. A segregação se dá pelo tempo de maturidade dos ativos quanto à sua condição de produção ou consumo; ou seja, pela expectativa de transformação financeira do ativo biológico. Ativos biológicos para produção são aqueles que têm uma função de serviços, por exemplo, extração de leite e reprodução. Já os ativos biológicos de consumo são os criados para abate ou venda. Ativos biológicos em condição de produção e consumo no curto prazo devem ser classificados no ativo circulante, e aqueles que ultrapassam o período de 12 meses devem ser classificados no ativo não circulante. Também nos casos das plantas, essa classificação ocorre quando temos cultivos temporários e permanentes. Dependendo das circunstâncias, as plantas de cultivos permanentes podem ser consideradas plantas portadoras; nesse caso, não são contabilizadas como ativo biológico, mas como imobilizado.

Com relação à demonstração do resultado do exercício, todas as variações patrimoniais decorrentes de transações com itens dos ativos biológicos são apresentadas na DRE. Portanto, nenhuma transação seria apresentada na DRA.

Na demonstração dos fluxos de caixa, as transações com itens dos ativos biológicos são apresentadas como fluxo de caixa de atividades operacionais.

## Notas explicativas

A lista de itens que as entidades devem divulgar, no mínimo, quanto a seus ativos biológicos prescrita pelo IAS 41 (itens 40 a 57) é bastante extensa. Portanto, apresentamos a seguir um resumo das evidenciações mínimas exigidas pelo CPC PME 34.7:

- Descrição dos ativos biológicos. É desejável que se evidencie para cada grupo de ativos biológicos, de forma dissertativa ou quantitativa, (a) informações que possam influenciar a realização no tempo do fluxo de caixa futuro, por exemplo: distinguindo entre consumíveis e de produção, e distinguindo entre maduros e imaturos; (b) a natureza das atividades envolvendo cada grupo de ativos biológicos; (c) as mensurações ou estimativas não financeiras de quantidades físicas de cada grupo de ativos biológicos no final do período e da produção agrícola durante o período; (d) a existência e o total de ativos biológicos cuja titularidade legal seja restrita, e o montante deles dado como garantia de exigibilidades; (e) o montante de compromissos relacionados com o desenvolvimento ou aquisição de ativos biológicos; (f) as estratégias de administração de riscos financeiros relacionadas com a atividade agrícola; (g) a natureza e o total de perdas geradas por eventos como surtos de viroses, inundações, seca, geada e praga de insetos.
- Métodos e premissas relevantes aplicados na determinação do valor justo de cada categoria de produção agrícola no ponto de colheita e cada categoria de ativos biológicos.
- Conciliação das alterações nos valores contábeis dos ativos biológicos entre o início e o final do período corrente. A conciliação deve incluir: (a) ganhos ou perdas provenientes das alterações no valor justo menos despesas de venda; (b) aumentos resultantes de aquisições; (c) diminuições resultantes de colheitas; e (d) outras alterações.

O CPC PME 34.10 exige evidenciações específicas para o caso de a entidade excepcionalmente mensurar seu ativo biológico pelo método de custo.

## Julgamentos e estimativas significativas na contabilização de ativos biológicos

Diversos são os julgamentos contábeis relativos à contabilização de ativos biológicos. Vejamos alguns deles.

No reconhecimento, é necessário decidir se a planta ou animal vivo é recurso controlado pela entidade; questão crucial quando se trata de animais não mantidos em cativeiro e espécies da fauna e da flora nativas. Para as plantas e animais vivos controlados pela entidade, é necessário decidir se são mantidos pela entidade na atividade agrícola; em caso negativo, não serão contabilizados como ativo biológico, mas como estoque ou imobilizado. Para as plantas vivas mantidas pela entidade na atividade agrícola é necessário decidir se atendem à definição de planta portadora; em caso positivo não serão contabilizados como ativo biológico, mas como imobilizado. Por outro lado, caso o negócio da entidade seja o gerenciamento da transformação biológica de outros seres vivos diferentes de plantas e animais, por exemplo, fungos, vírus ou bactérias, a administração da entidade precisará decidir qual política contábil adotar; é muito provável que os contabilize como ativos biológicos, embora não sejam espécies do reino animal nem do reino vegetal.

No que tange à mensuração, o julgamento mais significativo provavelmente é relacionado à determinação do valor justo e da despesa para vender; inclusive a decisão sobre a aplicabilidade da exceção (mensuração pelo método de custo), quando não for viável determinar o valor justo sem custo ou esforço excessivo. É interessante o fato de que a determinação do valor justo do ativo biológico precisa ser feita tanto no momento de reconhecimento (mensuração inicial) quanto no final do período (mensuração subsequente). Também precisa ser determinado para o produto agrícola no momento da colheita. Além da determinação do valor justo, é necessário desmembrar o montante do ajuste a valor justo do ativo biológico entre seus componentes relevantes, por exemplo, maturação (crescimento e engorda) e variação do valor de mercado. Certamente esse processo envolve julgamentos e estimativas significativas.

Caso a entidade, excepcionalmente, mensure seu ativo biológico pelo método do custo, será necessário desenvolver os mesmos julgamentos contábeis relativos ao reconhecimento e mensuração da depreciação e da perda por irrecuperabilidade, conforme apresentamos no capítulo 4 deste livro.

Neste capítulo, estudamos a contabilização do ativo biológico, com ênfase em sua definição, nos requerimentos para seu reconhecimento e baixa e nos critérios das mensurações inicial e subsequente. Contudo, para evitar repetições desnecessárias, sugerimos aos leitores interessados na mensuração subsequente do ativo biológico pelo método do custo que retornem ao capítulo 4. É interessante observar que a fronteira da classificação de um item entre estoque, imobilizado ou ativo biológico é, em alguns casos, tênue. Afinal, não é qualquer planta viva ou animal vivo que devemos classificar no ativo biológico, mas somente aqueles mantidos na atividade agrícola para gerenciamento de sua transformação biológica. No próximo capítulo, estudaremos a contabilização do ativo intangível, exceto *goodwill*.

# 7 Ativo intangível (exceto *goodwill*)

O pronunciamento internacional que regulamenta a contabilização do ativo intangível é o IAS 38 – Intangible Assets, que corresponde ao CPC 04 e à NBC TG 04, o qual foi emitido em 1998 pelo Iasc, antiga denominação do Iasb. Ao longo desse período, o IAS 38 sofreu pequenas alterações decorrentes da revisão de diversos outros pronunciamentos.

## Conceitos gerais

No glossário dos IFRSs, especificamente o IAS 38, ativo intangível é definido como "um ativo não monetário identificável sem substância física" (IAS 38.8).

Portanto, a principal diferença conceitual entre o imobilizado e o intangível é que o primeiro tem substância física, enquanto o segundo não tem. É por essa razão que os computadores (isto é, *hardwares*) costumam ser contabilizados como ativo imobilizado e os *softwares* como ativo intangível. Podemos entender os ativos intangíveis como recursos não monetários, incorpóreos, controlados pela entidade, adquiridos sem intenção de venda e com capacidade de geração de benefícios futuros decorrentes de eventos passados. A definição do termo "ativo monetário" não foi apresentada neste livro e é importante para se definir o ativo intangível por exclusão. Nesse sentido o IAS 38.8 define ativo monetário como "dinheiro ou direitos a serem recebidos em uma quantia fixa ou determinável de dinheiro".

Um ativo intangível pode ser identificável ou não identificável. Os ativos identificáveis são aqueles que, conforme o IAS 38.12, são separáveis e resultam de direitos contratuais e legais. Exemplos de ativos intangíveis que podem ser identificáveis são: patentes, direitos autorais, marcas, listas de clientes, nomes comerciais, licenças de *software*. Os ativos intangíveis não identificáveis são classificados como ágio por expectativa de rentabilidade futura (*goodwill*) por incorporar todos os ativos intangíveis que não podem ser identificados separadamente e ocorrem em combinações de negócios. Pelo fato de este livro não se dedicar ao estudo das participações societárias em outras companhias, não tratamos de combinações de negócios; consequentemente, este capítulo não aborda a contabilização do *goodwill*, como sugerido no título.

Um ativo intangível é separável quando puder ser separado da entidade e vendido, transferido, licenciado, alugado ou trocado, individualmente ou junto com um contrato, ativo ou passivo relacionado, independentemente da intenção de uso pela entidade. O fato de o ativo ser separável permite uma identificação do incremento no fluxo de caixa da empresa em decorrência da destinação de uso ou comercial do intangível.

Na prática, os direitos contratuais ou outros direitos legais são condições para se identificar o ativo intangível; afinal, é a partir desses direitos que o controle pode ser evidenciado, pois são eles que colocam seu detentor em posição de controlar o uso e lhe conferem o poder de obter benefícios futuros e impedir que terceiros tenham acesso a esses benefícios.

## Momento e critérios de reconhecimento

O IAS 38 é um pronunciamento relativamente antigo e objeto de diversas críticas. Uma das críticas mais recorrentes é o fato de não permitir o adequado reconhecimento dos ativos intangíveis mais relevantes de uma entidade, como seu capital intelectual, a marca e o *goodwill* gerados internamente. Não obstante a pertinência dessas críticas, vejamos o critério de reconhecimento estabelecido pelo IAS 38.

Segundo o IAS 38.18-23, para que uma entidade reconheça um recurso como ativo intangível é necessário que:

1. esse recurso atenda às definições de ativo (isto é, "recurso controlado pela entidade como resultado de eventos passados e do qual se espera que resultem benefícios econômicos futuros para a entidade" (IAS 38.8)) e de ativo intangível ("um ativo não monetário identificável sem substância física" (IAS 38.8));
2. seja "provável que os benefícios econômicos futuros esperados atribuíveis ao ativo serão gerados em favor da entidade" (IAS 38.21(a));
3. seu custo "possa ser mensurado com confiabilidade" (IAS 38.21(b)).

Esses critérios são atendidos com razoável facilidade quando se trata de ativo intangível adquirido separadamente.

Exemplo 1 – Aquisição separada de ativo intangível

Em 1991 a Colgate-Palmolive, famosa fabricante de cremes dentais e sabonetes, comprou a marca de enxaguante bucal Plax (conforme consta em <http://mundodasmarcas.blogspot.com.br/2006/05/colgate-o-sorriso-saudvel.html>).

SOLUÇÃO

De acordo com o IAS 38 e com o CPC PME 18, a Colgate-Palmolive conseguiria demonstrar com facilidade que a marca Plax atende às definições de ativo e de ativo intangível. Adicionalmente, sua administração tinha expectativa de que benefícios econômicos fluiriam para a Colgate-Palmolive; afinal, a empresa líder mundial em higiene bucal comprava a segunda marca de enxaguante bucal mais conhecida dos consumidores americanos, o que lhe viabilizaria rivalizar com a Listerine, empresa fabricante do enxaguante líder. Finalmente, por se tratar de uma aquisição separada, o preço negociado com o fundador da marca PLAX corresponde a seu custo de aquisição para a Colgate-Palmolive.

Por outro lado, quando se trata de ativos intangíveis gerados internamente não é tão fácil assim determinar se os critérios foram atendidos, conforme destacado no IAS 38.51. O atendimento a tais critérios é ainda mais dificultado em decorrência do disposto no IAS 38.52-67, o qual estabelece critérios adicionais que precisam ser atendidos para reconhecer ativos intangíveis gerados internamente.

O mais relevante desses critérios é a taxonomia "fase de pesquisa" e "fase de desenvolvimento". Os gastos incorridos na fase de pesquisa não podem ser reconhecidos como ativo intangível, mas imediatamente como despesa na apuração do resultado do período (IAS 38.54). Portanto, somente os gastos incorridos na fase de desenvolvimento do ativo intangível gerado internamente é que podem ser reconhecidos como ativo intangível (IAS 38.57), desde que tais gastos atendam às condições estabelecidas pelo IAS 38.66.

O divisor de águas entre a "fase de pesquisa" e a "fase de desenvolvimento" é apresentado no IAS 38.57, segundo o qual, um projeto interno de geração de ativo intangível se encontra na fase de desenvolvimento somente se a entidade puder demonstrar todos os aspectos a seguir assinalados:

a) viabilidade técnica para concluir o ativo intangível de forma que ele seja disponibilizado para uso ou venda;
b) intenção de concluir o ativo intangível e de usá-lo ou vendê-lo;
c) capacidade para usar ou vender o ativo intangível;
d) forma como o ativo intangível deve gerar benefícios econômicos futuros. Entre outros aspectos, a entidade deve demonstrar a existência de mercado para os produtos do ativo intangível ou para o próprio ativo intangível ou, caso este se destine ao uso interno, a sua utilidade;
e) disponibilidade de recursos técnicos, financeiros e outros recursos adequados para concluir seu desenvolvimento e usar ou vender o ativo intangível;
f) capacidade de mensurar com confiabilidade os gastos atribuíveis ao ativo intangível durante seu desenvolvimento [IAS 38.57].

De modo geral, as cinco primeiras condições estabelecidas pelo IAS 38.57 consistem em a entidade demonstrar que o risco é remoto de o projeto não gerar um recurso controlado pela entidade que seja capaz de produzir benefícios econômicos futuros. A sexta condição é relacionada à mensuração confiável do ativo a ser reconhecido.

Portanto, a entidade só consegue classificar um projeto interno como na fase de desenvolvimento se conseguir demonstrar que o projeto é viável em três dimensões: tecnológica (item (a) do IAS 38.57), mercadológica (item (d) do IAS 38.57) e financeira (item (e) do IAS 38.57).

### Exemplo 2 – Geração interna de ativo intangível

A Cia. Industrial Molhada iniciou o projeto de produção de água em 20X1, depois de mais de três anos de intensa pesquisa, que já custou à entidade a soma de $ 1 milhão.

Finalmente, em 1º de janeiro de 20X4 a administração da Cia. Industrial Molhada conseguiu demonstrar que seu projeto é viável nas três dimensões, como segue:

- viabilidade tecnológica – após anos de pesquisa laboratorial, conseguiu demonstrar que se misturar duas partículas de hidrogênio (H) para cada partícula de oxigênio (O) produzirá água ($H_2O$);
- viabilidade mercadológica – após ampla pesquisa de mercado, conseguiu demonstrar que existe um mercado consumidor sedento por água e disposto a pagar um valor justo pelo produto;
- viabilidade financeira – após minuciosa análise orçamentária e diversas reuniões com potenciais financiadores, conseguiu demonstrar que a entidade tem recursos próprios e capacidade de obter recursos financeiros de terceiros a um custo compatível com a rentabilidade do projeto para terminar seu desenvolvimento e começar a comercializar água.

SOLUÇÃO

De acordo com o IAS 38 e com o CPC PME 18, o projeto de produção de água da Cia. Industrial Molhada finalmente entrou na fase de desenvolvimento. Até então (últimos três anos) estava na fase de pesquisa.

Todo o montante gasto até este ponto ($ 1 milhão) já foi reconhecido como despesa (no resultado dos três últimos períodos) e não pode ser reconhecido subsequentemente como ativo (IAS 38.71).

Portanto, serão reconhecidos como ativo intangível somente os gastos incorridos nesse projeto a partir de 1º de janeiro de 20X4, desde que atendam às condições do IAS 38.66.

## Especificidades do CPC PME

O item 18.14 do CPC PME não permite a capitalização dos gastos incorridos na fase de desenvolvimento do ativo intangível gerado internamente. Portanto, todos os gastos incorridos na geração interna do ativo intangível devem ser reconhecidos como despesa no resultado do período.

## Mensurações inicial e subsequente

### Mensuração inicial

Um ativo intangível deve ser mensurado inicialmente ao valor de custo.

Os elementos que compõem o custo de um ativo intangível adquirido separadamente são muito semelhantes àqueles que compõem o custo do ativo imobilizado, ou seja, o custo é o preço que a entidade paga para adquirir separadamente um ativo intangível. A rigor, conforme o IAS 38.27-29, o custo é composto por:

a) preço de compra, acrescido de impostos de importação e impostos não recuperáveis sobre a compra, depois de deduzidos os descontos comerciais e abatimentos;
b) qualquer custo diretamente atribuível à preparação do ativo para a finalidade proposta [IAS 38.27].

São exemplos de tais custos diretamente atribuíveis:

- custos de benefícios aos empregados incorridos diretamente para que o ativo fique em condições operacionais (de uso ou funcionamento);
- honorários profissionais diretamente relacionados para que o ativo fique em condições operacionais;
- custos com testes para verificar se o ativo está funcionando adequadamente [IAS 38.28].

Com relação ao ativo intangível gerado internamente, o IAS 38 é ainda mais restritivo quanto aos elementos que compõem seu custo. A rigor, conforme o IAS 38.66, o custo do ativo intangível gerado internamente é composto por gastos diretamente atribuíveis, necessários à criação, produção e preparação do ativo para ser capaz de funcionar da forma pretendida pela administração. Exemplos de custos diretamente atribuíveis:

a) gastos com materiais e serviços consumidos ou utilizados na geração do ativo intangível;
b) custos de benefícios a empregados relacionados à geração do ativo intangível;
c) taxas de registro de direito legal;
d) amortização de patentes e licenças utilizadas na geração do ativo intangível [IAS 38.66].

Outra restrição à mensuração do ativo intangível gerado internamente é a proibição de reconhecer como tal os gastos anteriormente reconhecidos como despesa (IAS 38.71).

Ainda, o IAS 38.69 é explícito quanto à necessidade de reconhecer como despesa os gastos com atividades pré-operacionais, treinamento, publicidade e remanejamento ou reorganização total ou parcial da entidade. Afinal, esses gastos não consistem na aquisição nem criação de ativo intangível ou de qualquer outro ativo passível de reconhecimento contábil, embora a entidade tenha a expectativa de que esses gastos lhe gerem benefícios econômicos futuros.

## Mensuração subsequente

O ativo intangível deve ser mensurado subsequentemente ao método do custo menos amortização acumulada menos perda por irrecuperabilidade acumulada. Portanto, a mensuração subsequente do ativo intangível é muito semelhante à do imobilizado. Observe que a depreciação do imobilizado corresponde à amortização do intangível. Por essa razão não apresentamos este tópico em detalhes e sugerimos ao leitor que veja a seção "Mensuração subsequente" do capítulo 4.

Contudo destacamos que os ativos intangíveis de vida útil indefinida não são sujeitos à amortização, mas somente à perda por irrecuperabilidade (IAS 38.89). Entende-se que um ativo intangível tem vida útil indefinida quando a administração da entidade constata, "com base na análise de todos os fatores relevantes, [que] não existe um limite previsível para o período durante o qual o ativo deverá gerar fluxos de caixa líquidos positivos para a entidade" (IAS 38.88).

*Especificidades do CPC PME*

Diferentemente do IAS 38.88, o item 18.20 do CPC PME determina que caso a entidade seja incapaz de estimar com confiabilidade a vida útil do ativo intangível, este deve ser amortizado pelo prazo máximo de 10 anos.

## Momento e critérios de baixa

De acordo com o IAS 38.112, o ativo intangível deve ser baixado quando:

- for vendido; ou
- quando não são esperados benefícios econômicos futuros com sua utilização ou alienação.

Quando o valor da venda for superior ao valor contábil do ativo, a empresa apurará ganho na alienação. De modo contrário, se o valor da venda for inferior ao valor contábil do ativo, a empresa apurará perda na alienação. Esses ganhos ou perdas devem ser reconhecidos no resultado quando o ativo é baixado (IAS 38.113).

Portanto, inclusive nesse aspecto, a contabilização do ativo intangível é semelhante à do ativo imobilizado.

## Elaboração das demonstrações contábeis e notas explicativas

### Elaboração das demonstrações contábeis

O conjunto completo de demonstrações contábeis de propósito geral é composto pelo balanço patrimonial (BP), demonstração do resultado do exercício (DRE), demonstração do resultado abrangente (DRA), demonstração dos fluxos de caixa (DFC), demonstração das mutações do patrimônio líquido (DMPL) e pelas notas explicativas (NE).

Quanto ao balanço patrimonial, os itens dos ativos intangíveis são apresentados no ativo não circulante, subgrupo intangível. É recomendável a segregação em ativos intangíveis de vida útil definida dos que não possuem tal condição.

Com relação à demonstração do resultado do exercício, todas as variações patrimoniais decorrentes de transações com itens dos ativos intangíveis são apresentadas na DRE. Portanto, nenhuma transação será apresentada na DRA. Suas variações correspondem a impactos negativos em decorrência de perda por irrecuperabilidade e da amortização do custo dos ativos intangíveis de vida útil definida. Também são reconhecidos como despesa os gastos incorridos na fase de pesquisa dos projetos internos que pretendem gerar ativos intangíveis.

Quanto à demonstração dos fluxos de caixa, as transações com itens dos ativos intangíveis são apresentadas como fluxo de caixa de atividades de investimento. Entretanto, as entidades costumam apresentar como caixa consumido pela atividade operacional os gastos incorridos na fase de pesquisa dos projetos internos que pretendem gerar ativos intangíveis.

### Notas explicativas

O IAS 38.118-128 relaciona uma lista bastante extensa de informações mínimas sobre ativos intangíveis que as empresas precisam divulgar. A seguir resumimos as informações mais relevantes exigidas pelo CPC PME 18.27-29.

> A entidade deve divulgar as seguintes informações para cada classe de ativo intangível:
>
> a) as vidas úteis ou taxas de amortização utilizadas;
> b) os métodos de amortização utilizados;
> c) o valor contábil bruto e qualquer amortização acumulada (somada às perdas acumuladas por desvalorização) no início e no final do período de divulgação;
> d) a linha da demonstração do resultado na qual qualquer amortização de ativos intangíveis é incluída;
> e) conciliação do valor contábil no início e no final do período de divulgação, demonstrando separadamente:
>    (i) adições;
>    (ii) baixas;
>    [...]
>    (iv) amortização;
>    (v) perdas por redução ao valor recuperável de ativos;
>    (vi) outras alterações;
> f) existência e valores contábeis dos ativos intangíveis para os quais a entidade tenha titularidade restrita ou que tenham sido dados como garantia de passivos;
> g) os valores de acordos contratuais para aquisição de ativos intangíveis; e
> h) o valor total dos gastos com pesquisa e desenvolvimento reconhecidos como despesa durante o período.

## Julgamentos e estimativas significativas na contabilização do ativo intangível

Vimos, neste capítulo, que a contabilização do ativo intangível é muito semelhante à do ativo imobilizado; portanto, grande parte dos julgamentos e estimativas significativas exercidas por elaboradores e auditores para contabilizar transações com itens do ativo imobilizado também se aplicam à contabilização do ativo intangível. Por essa razão, sugerimos ao leitor que retorne à seção "Julgamentos e estimativas significativas na contabilização do ativo imobilizado" do capítulo 4 deste livro.

Contudo, julgamentos relevantes específicos à contabilização do ativo intangível são:

- determinação da fase na qual o projeto de geração interna de ativo intangível se encontra (pesquisa ou desenvolvimento);
- identificação da vida útil do ativo intangível, inclusive a decisão quanto a ele ter vida útil indefinida.

Neste capítulo, estudamos a contabilização do ativo intangível (exceto *goodwill*), com ênfase em sua definição, nos requerimentos para seu reconhecimento e baixa e nos critérios de mensurações inicial e subsequente. Contudo, para evitar repetições desnecessárias, sugerimos aos leitores interessados na mensuração subsequente do ativo intangível pelo método do custo que retornem ao capítulo 4. É interessante observar que a fronteira da classificação de um item entre estoque ou ativo intangível é, em alguns casos, tênue. Afinal, não é qualquer ativo não monetário sem substância física que devemos classificar no ativo intangível. A classificação depende da razão pela qual a entidade mantém tal recurso. Por exemplo, *software* mantido para revenda por uma loja de *games* e materiais de informática deve ser classificado no estoque.

Na conclusão, a seguir, apresentamos uma breve comparação dos critérios de contabilização dos diversos ativos relevantes que estudamos neste livro.

# Conclusão

Estudamos os ativos mais relevantes da maior parte das entidades, quer tenham fins lucrativos ou não, e quer sejam companhias abertas ou pequenas ou médias empresas. Focamos, contudo, nas empresas com fins lucrativos e apresentamos os requerimentos contábeis de acordo com o Full IFRS, conforme exigido pela legislação brasileira para as companhias abertas e empresas de grande porte, e sempre que pertinente comentamos sobre os requerimentos contábeis exigidos das pequenas ou médias empresas (isto é, o CPC PME).

Para os fins deste livro, entendemos que os ativos mais relevantes são: ativos financeiros básicos (capítulo 2), estoques (capítulo 3), ativo imobilizado (capítulo 4), propriedades para investimento (capítulo 5), ativos biológicos (capítulo 6) e ativos intangíveis (capítulo 7). Além desses elementos de ativo, revisamos a estrutura conceitual (capítulo 1).

Podemos perceber diversas semelhanças nos critérios de reconhecimento desses elementos de ativo. De modo geral, a entidade deve reconhecer ativos financeiros básicos, estoques, ativo imobilizado, propriedades para investimento, ativos biológicos e ativos intangíveis quando: o recurso for controlado pela entidade; for esperado que benefícios econômicos fluam para a entidade; seu custo ou valor justo puder ser mensurado com confiabilidade; e o recurso atender à respectiva definição (isto é, a definição de ativo financeiro básico, estoque, ativo imobilizado, propriedade para investimento, ativo biológico ou ativo intangível). É certo que há peculiaridades sutis no reconhecimento desses recursos como ativo. Por exemplo, para reconhecer o ativo financeiro básico, a entidade precisa ser parte do contrato (afinal, instrumento financeiro é um contrato que dá a uma parte um ativo financeiro e a outra um passivo financeiro ou instrumento patrimonial); no caso do "contas a receber de clientes", o reconhecimento do ativo financeiro ocorre como consequência (isto é, em contrapartida) do reconhecimento da receita com clientes. Outra peculiaridade marcante é o ativo intangível gerado internamente, cujo reconhecimento só ocorre excepcionalmente, quando seu projeto de geração já estiver na fase de desenvolvimento (desde que a entidade adote o Full IFRS, uma vez que o item 18.14 do CPC PME proíbe a capitalização dos gastos incorridos na fase de desenvolvimento do ativo intangível gerado internamente).

Também percebemos diversas semelhanças nos critérios de mensuração. Embora haja diferenças nos elementos que compõem o "custo", estoques, ativo imobilizado, propriedade para investimento e ativo intangível são mensurados inicialmente pelo custo, ao passo que ativos financeiros básicos são mensurados inicialmente pelo valor justo, e ativos biológicos o são pelo valor justo menos despesas para vender.

Por outro lado, há diferenças marcantes na mensuração subsequente desses elementos de ativo. Ativos financeiros básicos podem ser mensurados subsequentemente pelo valor justo por meio do resultado, pelo valor justo por meio de outros resultados abrangentes, pelo custo ou pelo custo amortizado, dependendo das características de seu fluxo de caixa contratual e dependendo das características do modelo de negócios da entidade. Estoques são subsequentemente mensurados pelo menor valor entre o custo e o preço de venda menos custos para completar e vender. O ativo imobilizado e o ativo intangível são mensurados subsequentemente pelo valor de custo menos a depreciação ou amortização acumulada e menos a perda por irrecuperabilidade acumulada. É interessante que itens do imobilizado e do intangível que têm vida útil indefinida não são sujeitos à depreciação ou amortização, como terrenos e marcas, na maioria dos casos. As propriedades para investimento podem ser mensuradas pelo valor justo ou pelo modelo de custo menos a depreciação acumulada e menos a perda por irrecuperabilidade acumulada, sendo essa uma livre escolha da administração da entidade. Finalmente, o ativo biológico é mensurado subsequentemente pelo valor justo menos despesas para vender; salvo quando se tratar de planta portadora ou quando não for viável determinar seu valor justo de modo confiável, casos em que será mensurado pelo modelo de custo menos a depreciação acumulada e menos a perda por irrecuperabilidade acumulada.

Quanto à apresentação no balanço patrimonial, por um lado os ativos financeiros básicos, estoques e ativos biológicos podem ser apresentados no ativo circulante ou no ativo não circulante, dependendo da expectativa de data de realização financeira. Por outro lado, o imobilizado, intangível e propriedade para investimento precisam ser apresentados no ativo não circulante.

No tocante à apresentação no resultado, de modo geral, a baixa desses ativos e a variação de seu valor patrimonial são reconhecidas no resultado do período, salvo o ajuste a valor justo dos ativos financeiros classificados como mensurados a valor justo por meio de outros resultados abrangentes, em que, como o nome sugere, a contrapartida de sua variação patrimonial é apresentada na demonstração do resultado abrangente. Outra exceção é a variação patrimonial decorrente da transferência de (ou para) propriedade para investimento para (ou de) ativo imobilizado ou estoque, que pode ser apresentada em outros resultados abrangentes.

Quanto à apresentação na demonstração dos fluxos de caixa, os recebimentos (pagamentos) decorrentes de estoques são apresentados como fluxos de caixa gerados (consumidos) pela atividade operacional. Por outro lado, de modo geral, os recebimentos (pagamentos) decorrentes de ativo imobilizado, propriedade para investimento, ativo intangível e ativo biológico são apresentados como fluxos de caixa gerados (consumidos) pela atividade de investimento. Já os recebimentos (pagamentos) decorrentes de ativos financeiros básicos podem ser apresentados como fluxos de caixa gerados (consumidos) pela atividade operacional ou da atividade de investimento, dependendo das características do título e do modelo de negócios da entidade.

No que tange à divulgação em notas explicativas, de modo geral, espera-se que as entidades evidenciem: as características dos ativos; a composição de seu saldo; a conciliação entre os valores apresentados nos balanços de abertura e encerramento e os valores apresentados na demonstração do resultado do exercício e do resultado abrangente; os julgamentos e estimativas mais relevantes feitos pela administração da entidade para reconhecer, classificar e mensurar os ativos e os principais riscos e dificuldades enfrentados para realizar esses julgamentos e estimativas; a existência de restrição ao uso desses ativos, inclusive o fato de terem sido entregues como garantia de dívidas.

Também percebemos que os requerimentos do Full IFRS e do CPC PME são muito semelhantes entre si no que tange à contabilização desses ativos. Contudo, há algumas diferenças. Em conformidade com o CPC PME, os ativos financeiros básicos não são mensurados pelo valor justo por meio de outros resultados abrangentes; é proibido capitalizar os gastos incorridos na fase de desenvolvimento do ativo intangível gerado internamente; os ativos biológicos não são classificados como "planta portadora". Adicionalmente, caso a entidade seja incapaz de estimar de modo confiável a vida útil do ativo intangível, o CPC PME limita tal vida útil ao máximo de 10 anos; por outro lado, pelo Full IFRS a entidade não deve amortizar tal ativo intangível.

Finalmente, percebemos que, de modo geral, o Full IFRS foi integralmente incorporado às normas contábeis brasileiras. A principal exceção é o fato de a legislação brasileira proibir a reavaliação do ativo imobilizado e do intangível, enquanto o Full IFRS e o CPC PME a permitem. Entretanto, ressaltamos que o fato de a legislação brasileira não recepcionar uma das políticas contábeis alternativas permitidas pelo Full IFRS não nos impede de afirmar que o Brasil convergiu integralmente para o Full IFRS – a rigor, adotamos o IFRS.

# Referências


BRASIL. Lei nº 6.404, de 15 de dezembro de 1976.

COMITÊ DE PRONUNCIAMENTOS CONTÁBEIS (CPC). Pronunciamento Técnico PME – Contabilidade para Pequenas e Médias Empresas (CPC PME).

_______. Interpretação Técnica Mudanças em Passivos por Desativação, Restauração e Outros Passivos Similares (ICPC 12).

_______. Pronunciamento Técnico Redução ao Valor Recuperável de Ativos (CPC 01).

_______. Pronunciamento Técnico Ativo Intangível (CPC 04).

_______. Pronunciamento Técnico Divulgação sobre Partes Relacionadas (CPC 05).

_______. Pronunciamento Técnico Estoques (CPC 16).

_______. Pronunciamento Técnico Investimento em Coligada, em Controlada e em Empreendimento Controlado em Conjunto (CPC 18).

_______. Pronunciamento Técnico Negócios em Conjunto (CPC 19).

_______. Pronunciamento Técnico Custos de Empréstimos (CPC 20).

_______. Pronunciamento Técnico Políticas Contábeis, Mudança de Estimativas e Retificação de Erro (CPC 23).

_______. Pronunciamento Técnico Ativo Imobilizado (CPC 27).

_______. Pronunciamento Técnico Propriedade para Investimento (CPC 28).

_______. Pronunciamento Técnico Ativo Biológico e Produto Agrícola (CPC 29).

_______. Pronunciamento Técnico Ativo Não Circulante Mantido para Venda e Operação Descontinuada (CPC 31).

_______. Pronunciamento Técnico Demonstrações Consolidadas (CPC 36).

_______. Pronunciamento Técnico Instrumentos Financeiros: Apresentação (CPC 39).

_______. Pronunciamento Técnico Instrumentos Financeiros: Evidenciação (CPC 40).

_______. Pronunciamento Técnico Mensuração do Valor Justo (CPC 46).

_______. Pronunciamento Técnico Instrumentos Financeiros (CPC 48).

CONSELHO FEDERAL DE CONTABILIDADE (CFC). Resolução nº 1.170/09 (NBC TG 16), de 12/6/2009.

_______. Resolução nº 1.172/2009 (NBC TG 20), de 12/6/2009.

_______. Resolução nº 1.177/2009 (NBC TG 27), de 4/8/2009.

_______. Resolução nº 1.178/2009 (NBC TG 28), de 4/8/2009.

_______. Resolução nº 1.179/2009 (NBC TG 23), de 4/8/2009.

_______. Resolução nº 1.186/2009 (NBC TG 29), de 15/9/2009.

_______. Resolução nº 1.188/2009 (NBC TG 31), de 15/9/2009.

_______. Resolução nº 1.197/2009 (NBC TG 39), de 23/11/2009.

_______. Resolução nº 1.198/2009 (NBC TG 40), de 23/11/2009.

_______. Resolução nº 1.255/2009 (NBC TG 1.000), de 17/12/2009.

_______. Resolução nº 1.265/2009 (ITG 12), de 24/12/2009.

_______. Resolução nº 1.285/2010 (NBC TG 1.000), de 22/6/2010.

_______. Resolução nº 1.292/2010 (NBC TG 01), de 7/10/2010.

_______. Resolução nº 1.297/2010 (NBC TG 05), de 7/10/2010.

_______. Resolução nº 1.303/2010 (NBC TG 04), de 2/12/2010.

_______. Resolução nº 1.415/2012 (NBC TG 19), de 23/11/2012.
_______. Resolução nº 1.424/2013 (NBC TG 18), de 30/1/2013.
_______. Resolução nº 1.426/2013 (NBC TG 36), de 30/1/2013.
_______. Resolução nº 1.428/2013 (NBC TG 46), de 30/1/2013.
_______. Norma Brasileira de Contabilidade (NBC TG 48), de 25/11/2016.
FARO, Clovis de; LACHTERMARCHER, Gerson. *Introdução à matemática financeira*. Rio de Janeiro: FGV, 2012.
INTERNATIONAL ACCOUNTING STANDARDS BOARD (IASB). International Accounting Standard Inventory (IAS 2).
_______. International Accounting Standard Accounting Policies, Changes in Accounting Estimates and Errors (IAS 8).
_______. International Accounting Standard Property, Plant and Equipment (IAS 16).
_______. International Accounting Standard Borrowing Costs (IAS 23).
_______. International Accounting Standard Related Party Disclosure (IAS 24).
_______. International Accounting Standard Investments in Associates and Joint Ventures (IAS 28).
_______. International Accounting Standard Financial Instruments: Presentation (IAS 32).
_______. International Accounting Standard Impairment of Assets (IAS 36).
_______. International Accounting Standard Intangible Assets (IAS 38)
_______. International Accounting Standard Investment Property (IAS 40).
_______. International Accounting Standard Agriculture (IAS 41).
_______. International Financial Reporting Standard (IFRS).
_______. International Financial Reporting Standard for Small and Medium-sized Entities (IFRS for SMEs).

______. International Financial Reporting Standard Non-Current Assets Held for Sale and Discontinued Operations (IFRS 5).

______. International Financial Reporting Standard Financial Instruments: Disclosures (IFRS 7).

______. International Financial Reporting Standard Financial Instruments (IFRS 9).

______. International Financial Reporting Standard Consolidated Financial Statements (IFRS 10).

______. International Financial Reporting Standard Joint Arrangements (IFRS 11).

______. International Financial Reporting Standard Fair Value Measurement (IFRS 13).

______. International Financial Reporting Interpretation Committee (Ifric) Interpretation 1: Changes in Existing Decommissioning, Restoration and Similar Liabilities.

SANTOS, Suênia; LOPES, Rosana. *Contabilidade de receitas, contingências e grupos empresariais*. Rio de Janeiro: FGV, 2016.

SECRETARIA DO TESOURO NACIONAL (STN). *Portaria nº 700, de 10/12/2014*: Manual de Contabilidade Aplicada ao Setor Público. 6. ed. Brasília: STN, 2014

SZUSTER, Natan et al. *Contabilidade geral*. São Paulo: Atlas-Gen, 2013.

## Sites visitados

<http://br.advfn.com/investimentos/futuros/boi-gordo>.

<http://mundodasmarcas.blogspot.com.br/2006/05/colgate-o--sorriso-saudvel.html>.

<http://pecuaria.com.br/cotacoes.php>.

# Autores

## Ricardo Lopes Cardoso

Doutor em ciências contábeis pela Faculdade de Economia, Administração e Contabilidade da Universidade de São Paulo (FEA/USP), mestre em ciências contábeis pela Faculdade de Administração e finanças da Universidade do Estado do Rio de Janeiro (FAF/Uerj). Professor da Escola Brasileira de Administração Pública e de Empresas da Fundação Getulio Vargas (Ebape/FGV) e da FAF/Uerj. É pesquisador produtividade CNPq (nível 2) e pesquisador jovem cientista da Fundação de Amparo à Pesquisa do Estado do Rio de Janeiro (Faperj). É membro do conselho fiscal da WWF-Brasil. Acumula experiência profissional como *academic fellow* da International Financial Reporting Standards Foundation (IFRS Foundation), em Londres; membro do comitê Risk & Quality da PWC-Brasil; consultor independente do World Bank para elaboração do Report on the Observance of Standards and Codes in Accounting and Auditing (Rosc-A&A); e assessor do Conselho Federal de Contabilidade nas seguintes temáticas: revisão técnica da tradução das IPSASs Handbook 2010, disseminação do CPC PME, constituição e início das operações do Group of Latinamerican Accounting Standard-Setters – Glass, elaboração da pesquisa e relatório homônimo "Perfil do Profissional da Contabilidade 2012/2013", entre outras iniciativas.

## Andréa Silveira

Mestre em ciências contábeis pela Faculdade de Administração e Finanças da Universidade do Estado do Rio de Janeiro (FAF/Uerj); especialista em educação a distância; bacharel em ciências contábeis pela Faculdade Moraes Júnior; licenciada em matemática pela Universidade Celso Lisboa, *coach* membro da Sociedade Brasileira de Coaching e autora de várias apostilas, artigos técnicos publicados e premiados nacional e internacionalmente e do livro *Contabilidade para investimentos* – FGV Online. Sua experiência profissional desde 1985 inclui os cargos de auditor independente, gerente contábil, diretora financeira e consultora independente. Coordenou equipes de auditoria independente para empresas como Caixa Econômica Federal, Banco do Brasil, Banco do Estado do Rio de Janeiro, Banco da Bahia, Casa Mattos e Sergen. Foi superintendente do Grupo Signorelli, professora da Universidade Candido Mendes e coordenadora do Curso de Ciências Contábeis da Faculdade CCAA. Atualmente, é a CEO da Silveira Monteiro Orientação Contábil para Executivos Ltda. (Smoce), professora do Curso de Graduação em Administração Industrial do Centro Federal de Educação Tecnológica (Cefet-RJ), instrutora do Conselho Regional de Contabilidade do Estado do Rio de Janeiro (CRC-RJ) desde 1996 e professora convidada do Programa de MBA, Pós-Graduação e Pós-MBA da Fundação Getulio Vargas (FGV) desde 2002.